Walter Huppert / Industrieverbände

Untersuchungen über Gruppen und Verbände

Band 12

Industrieverbände

Organisation und Aufgaben
Probleme und neue Entwicklungen

Von

Dr. Walter Huppert

Mit einem Geleitwort
von Prof. Gustav Stein

DUNCKER & HUMBLOT / BERLIN

Der Verfasser dieser Arbeit, Dr. Dr. W. *Huppert*, war von 1932 bis 1947 in der Industrie und von 1956 bis 1971 in der Geschäftsführung des Zentralverbandes der Elektrotechnischen Industrie tätig.

Der Verfasser des Geleitwortes, Professor G. *Stein*, war langjährig Hauptgeschäftsführer des Bundesverbandes der Deutschen Industrie und gehört noch dessen Präsidium an.

Alle Rechte vorbehalten
© 1973 Duncker & Humblot, Berlin 41
Gedruckt 1973 bei Buchdruckerei Bruno Luck, Berlin 65
Printed in Germany
ISBN 3 428 02951 8

Zum Geleit

In einem bemerkenswerten Gegensatz zu dem Interesse, das die politisch interessierte Öffentlichkeit an den Verbänden und ihrem Wirken nimmt, und unbeschadet einer umfangreichen verbandskritischen Publizistik fehlt es an eingehenderen wissenschaftlich fundierten Untersuchungen der Verbände. In besonderem Maße gilt dies für die Industrie- und Unternehmerverbände. Vor allem die tägliche Arbeit der Verbände ist weitgehend in der Öffentlichkeit unbekannt und ist bisher kaum Gegenstand wissenschaftlicher Untersuchungen gewesen. Öffentliches, wissenschaftliches und publizistisches Interesse konzentrieren sich vielmehr auf die nach außen gerichtete Wirksamkeit der Verbände, die indessen nur einen geringen Teil der gesamten Verbandstätigkeit ausmacht.

Angesichts dieser Mängel, die auch zu Fehlurteilen führen, ist es zu begrüßen, daß Dr. Walter Huppert aufgrund eigener langjähriger Tätigkeit im Verbandswesen und aufgrund umfangreicher empirischer Erhebungen einen wesentlichen Beitrag leistet zu einer Soziologie der Industrieverbände. Die Vielfalt des Verbandswesens, die historisch gewachsen, aber auch in der differenzierten Aufgabenstellung begründet ist, läßt eine Typologie schwierig erscheinen. Auch wer, wie ich, lange Jahre hindurch in Industrieverbänden tätig war, wird den Versuch einer Typologie, den der Autor unternimmt, deshalb dankbar begrüßen. Für die Präsidien und Vorstände der Verbände ebenso wie für die Geschäftsführungen wird hier ein Material wissenschaftlich aufgearbeitet, das für die Orientierung der eigenen Arbeit von Nutzen sein kann. Die vom Autor aufgezeigten Tendenzen und Möglichkeiten der weiteren Entwicklung des Verbandswesens sind geeignet, eine kritische Diskussion zu fördern. Darüber hinaus bleibt zu hoffen, daß auch die wissenschaftliche Diskussion wie die Publizistik über die Verbände von dieser Arbeit Anstöße erhalten.

Eine morphologische Untersuchung kann nur in begrenztem Maße auch den inneren Wandel der Verbandsarbeit erfassen, der sich in den Jahren nach dem 2. Weltkrieg ergeben hat. Er gehört ebenso wie die Personalunionen und Kooperationsformen, die entwickelt wurden, zur ständigen Reform des Verbandswesens, das sich neuen Gegebenheiten anpassen muß. Die Notwendigkeit der stärkeren Fundierung der wissenschaftlichen Arbeit wird vom Autor zu Recht hervorgehoben. Ohne sie wäre weder eine wirksame Interessenvertretung möglich, noch könnte die sachgerechte und objektive Beratung der Mitglieder und der staatlichen Organe gewährleistet werden, die von den Verbänden heute erwartet wird. Auch die zunehmende Übernahme betrieblicher Teilfunktionen durch die Verbände verdient hervorgehoben zu werden. Allgemeinere Beachtung hat die wachsende Aufgeschlossenheit der Verbände für Fragen der Öffentlichkeits- und Bildungsarbeit gefunden. In ihr schlägt sich die Erkenntnis nieder, daß Verbände zu einer demokratischen Gesellschaft gehören, so wie eine freiheitliche Wirtschaftsordnung zu den Voraussetzungen einer freiheitlichen Staatsordnung gehört. Dabei wird es immer die Aufgabe der Öffentlichkeitsarbeit sein, ohne die eigene Interessenlage zu verwischen, die Übereinstimmung des Verbandsinteresses mit dem Gesamtinteresse hervorzuheben. An diesem Gesamtinteresse muß sich heute auch jede Verbandsarbeit orientieren, will sie auf die Dauer erfolgreich sein. Dies ist jedenfalls meine Erfahrung aus langjähriger Tätigkeit in unternehmerischen Verbänden wie in der Politik.

Ich freue mich, dieses Geleitwort dem Buche von Dr. Walter Huppert mit auf den Weg geben zu können. Ohne seine langjährige Erfahrung im Verbandswesen hätte dieses Buch nicht geschrieben werden können, das der Verbandsforschung ebenso einen Dienst erweist wie den in den Verbänden verantwortlich Tätigen, die von ihm Anregungen für die eigene Arbeit und auch zum weiteren Nachdenken über die Rolle der Verbände in der entwickelten Industriegesellschaft erhalten.

Prof. Gustav Stein

Vorwort

1. In der *Öffentlichkeit* sind die Industrieverbände wenig bekannt. Man liest zwar über ihre Berichte oder Stellungnahmen an die Regierungen und Behörden, Parlamente und Organe der Öffentlichkeitsarbeit, — in diesem Zusammenhang diskutiert man auch gern über den Einfluß der Industrieverbände auf die Politik — was aber die Industrieverbände eigentlich sind und tun, entzieht sich der Öffentlichkeit, schon weil es sich um private Organisationen handelt.

Indessen besteht bei vielen Stellen, die mit Industrieverbänden in Berührung kommen, ein Interesse, entsprechende Einblicke zu gewinnen; so bei Verbänden und Organisationen anderer Wirtschaftsbereiche, Behörden und Politikern, Instituten und Wissenschaftlern, nicht zuletzt bei den Medien zur Information und Gestaltung der öffentlichen Meinung. Die folgende Untersuchung will dazu beitragen, diese Informationslücke auszufüllen.

2. Das behandelte Thema ist *soziologischer*, nicht wirtschaftlicher Art. Zwar vertreten die Industrieverbände wirtschaftliche Interessen ihrer Mitglieder, aber es geht hier nicht um diese wirtschaftlichen Anliegen, sondern um die für sie geschaffene *Organisation*, ihre Gestalt und Aufgabenstellung, ihre Wirkungsbedingungen und Erfolgsmöglichkeiten.

Eine solche Darstellung wird dadurch in hohem Maße erschwert, daß die Industrieverbände wenig einheitlich sind. Ihre *Verschiedenheit* erklärt sich aus

— den fachlichen Unterschieden der einzelnen Industriegruppen
— dem Fehlen allgemeingültiger Normen für die Aufgabenstellung und Organisation
— der (infolgedessen) individuellen organisatorischen Gestaltung und Arbeitsweise.

3. Die Zielsetzung (1.) wie die Verhältnisse (2.) nötigen zu einer überwiegend *morphologischen* Untersuchung, basierend auf empirischer Sozialforschung. Die beschränkte Allgemeingültigkeit der Ergebnisse setzt auch einer kritischen Beurteilung verhältnismäßig enge Grenzen. Immer wieder muß auf die Unterschiedlichkeit der verbandlichen Verhältnisse hingewiesen werden; denn kein Verband ist wie der andere — im organisatorischen Aufbau wie in der effektiven Arbeitsweise.

Um trotzdem zu charakteristischen Erscheinungen und Merkmalen zu gelangen, muß die Beschreibung sich um eine gewisse *Typologie* bemühen. Um ihr eine kritische Beurteilung anschließen zu können, müssen auch gewisse Vorstellungen über idealtypische Verhältnisse entwickelt werden, wenngleich diese nur bedingt und beschränkt Maßgeblichkeit beanspruchen können. Zum Methodischen bringt der Anhang 1, Teil B, weitere Ausführungen.

4. Diese Hinweise sollen auch der naheliegenden *Kritik vorbeugen,* daß hier zwar viele Einzelheiten behandelt würden, aber wenig Allgemeingültiges aufgezeigt und keine klare Stellungnahme geboten würde. Die Art des Themas und sein Gegenstand lassen nicht mehr (als 3.) zu. Da überdies die bestehenden Sachverhalte noch relativ wenig untersucht und bekannt sind, sollte hier nicht zu früh und zu stark abstrahiert und systematisiert werden. Sonst würde die Vielfalt der Erscheinungen unterdrückt werden und die Anschaulichkeit leiden. — Weiteres zur Methodik bringt der Anhang 1.

5. Mehr als aus der Literatur hat der Verfasser aus der *Praxis* geschöpft. Seine eigenen Eindrücke und Erfahrungen wurden erweitert und ergänzt durch umfassende Informationen und Unterlagen, die ihm von anderen Industrieverbänden und deren Geschäftsführern geboten worden sind. Hinzu kamen manche aufschlußreiche Gespräche. Für diese wertvolle Hilfe ist der Verfasser allen Beteiligten dankbar.

Walter Huppert

Gliederung

Inhaltsübersicht	10
I. Einleitung	15
II. Begriff und Wesen der Industrieverbände	17
III. Historische Entwicklung der Industrieverbände	22
IV. Organisation der Industrieverbände	26
V. Verbandsaufgaben	36
VI. Spannungen und Konflikte	49
VII. Kritik und Reformmöglichkeiten	67

Anhänge

1. Schwierigkeiten wissenschaftlicher Erfassung und Behandlung	82
2. Zum Begriff der Industrie	85
3. Zur Geschichte des Verbandswesens	86
4. Mitgliedsverbände des BDI	88
5. Muster einer Verbandsorganisation (VDP)	92
6. Möglichkeiten politischer Einflußnahme	94
7. Beispiele für interne Verbandsarbeiten	96
8. Zwangsmitgliedschaft und Aufnahmezwang	104
9. Die drei Spitzenverbände der gewerblichen Wirtschaft	107
Literaturverzeichnis	113
Stichwortverzeichnis	115

Inhaltsübersicht

I. Einleitung

(1) Die Industrieverbände bieten der Öffentlichkeit ein schillerndes Bild. (2) Es fällt schwer, von außen die nötigen Einblicke zu gewinnen. (3) Hierfür gibt es mannigfache Gründe. (4) Erforderlich sind Insider-Informationen.

II. Begriff und Wesen der Industrieverbände

A. Definitionen

(1) Die Verbandsdefinition von Wex Weber (2) ist durch Organisationsfreiheit (3) und Interessenvertretung zu ergänzen. (4) Wirtschaftsverbände sollen den Interessen von privaten Unternehmen dienen. (5) Sie lassen sich näher definieren. (6) Industrieverbände sind Wirtschaftsverbände für den Bereich Industrie.

B. Zur öffentlichen Bedeutung der Interessenverbände

(7) Die gesellschaftspolitische Position und Funktion der Interessenverbände (8) ist in der BRD ungenügend gesichert. (9) Von Behörden sind Industrieverbände charakteristisch verschieden.

III. Historische Entwicklung der Industrieverbände

(1) Branchenverbände der Industrie gab es von frühauf, Spitzenverbände ab 1876.

A. Verstaatlichung nach 1933

(2) Ab 1934 wurden die Industrieverbände verstaatlicht. (3) Ihre Umwandlung in Organe der Wirtschaftslenkung durchlief mehrere Phasen. (4) Sie gerieten damit in Gegensatz zu ihrer angeborenen Interessenvertretung, (5) gaben aber ihren ursprünglichen Charakter nie ganz auf.

B. Renaissance nach 1945

(6) Der Auflösung der alten Verbände (7) folgte bald eine Welle von Neugründungen. (8) Sie knüpfte an die Verbandsverhältnisse vor 1933 an. (9) Das Gewicht der Verbände untereinander hat sich jedoch wesentlich verschoben.

IV. Organisation der Industrieverbände

A. Aufbau der Organisation

(1) Die Industrieverbände sind „eingetragene Vereine" (2) mit Mitgliederversammlung oder Delegiertenversammlung und Vorstand nebst Präsidium. (3) Dazu kommt die Geschäftsführung. (4) Die Mitglieder arbeiten in vielfältigen Gremien mit. (5) Insgesamt zeigt die Organisation ein vielgestaltiges Bild.

B. Kompliziertheit der Organisation

(6) Die Verbandsorganisation wirkt kompliziert, (7) hat sich jedoch überall eingeführt. (8) Die Kompliziertheit beruht auf dem Dualismus zwischen Mitgliedern und Geschäftsführung (9) sowie auf der eingehenden fachlichen Gliederung.

C. Geschäftsführung

(10) Die Zahl der Angestellten variiert stark. (11) Große Bedeutung haben die zahlreichen Fachverbände (12) und ihr Verhältnis zur zentralen Geschäftsführung. (13) Die Geschäftsführung ist mehr als ein ausführendes Organ, (14) bleibt aber auf enge Kontakte zu den Mitgliedern angewiesen.

D. Spitzenverbände

(15) Spitzenverbände sind Verbände von fachlichen Mitgliedsverbänden. (16) Sie sollen für überfachliche Fragen zuständig sein, (17) müssen aber mit gegensätzlichen Gruppeninteressen rechnen.

E. Verbandsetat

(18) Die Finanzierungsweise ist — entsprechend den organisatorischen Verhältnissen — verschieden.

F. Organisationsgrad

(19) Der Anteil der erfaßten Unternehmen ist recht verschieden, (20) sollte aber nicht überbewertet werden.

V. Verbandsaufgaben

A. Ansätze für ihre Feststellung

(1) Die Satzungen besagen wenig, (2) Tätigkeitsberichte sind nicht viel ergiebiger, (3) ebenso Organisationspläne. (4) Maßgebend ist, was die Verbandsführung jeweils für wichtig und nützlich hält. (5) Das ist eine Folge der Verbandsautonomie.

B. Vertretung nach außen

(6) Die Verbandsaufgaben gehen in zwei Richtungen: nach außen und nach innen. (7) Nach außen handelt es sich um Interessenvertretung und Information. (8) Früher traten die Industrieverbände entschiedener auf. (9) Heute ist das Bedürfnis größer, (10) aber die politische Situation ungünstiger. (11) Auch Vertreter der „sozialen Marktwirtschaft" kritisieren die Industrieverbände, (12) obwohl diese mit der Interessenvertretung eine wichtige Funktion erfüllen. (13) Die Kritik übertreibt auch den politischen Einfluß der Industrieverbände.

(s. Schelsky: FAZ v. 20. 1. 73)

C. Interne Verbandsarbeiten

(14) Sie beanspruchen den größten Teil der Verbandstätigkeit. (15) Hauptsächlich geht es um Informationen, (16) ergänzt durch Auskünfte. (17) Stark gestiegen ist der Informationsbedarf für Technik und Forschung. (18) Die Informationen drohen jedoch übermäßig anzuschwellen (19) und von mehreren Seiten zu kommen. (20) Große Bedeutung haben die Ausschußarbeiten.

D. Sachliche Aufgaben

(21) Die Materien der Verbandsarbeit sind sehr vielfältig. (22) Sie haben bei

den Verbänden verschiedenes Gewicht. (23) Vieles ist fachlich bedingt oder von wechselnder Bedeutung. (24) Wirtschaftspolitische Aufgaben haben allgemein Bedeutung.

E. Fachliche und überfachliche Verbandsaufgaben

(25) Fachliche Probleme sind großenteils mit überfachlichen verquickt. (26) Außerdem sollen die Fachverbände auch an überfachlichen Fragen mitwirken. (27) Trotz fachlich divergierender Interessen muß eine gemeinsame Linie angestrebt werden. (28) Das nötigt zu wechselseitiger Zusammenarbeit.

F. Neue Aufgaben

(29) Die gesamtwirtschaftlichen Aufgaben haben zugenommen. (30) Die letzten Jahre haben wichtige neue Themen gebracht.

VI. Spannungen und Konflikte

A. Einstellung der Mitgliedsfirmen zum Verband.

(1) Die Industrieverbände basieren auf freiwilliger Mitgliedschaft. (2) Die Mitglieder vergleichen die Belastungen (3) mit den Vorteilen der Mitgliedschaft. (4) Die generelle Haltung der Mitglieder zum Verband ist verschieden, (5) desgleichen die persönliche Einstellung der Firmenvertreter im Verband.

B. Verbandsstrukturen

1. Große und kleine Verbände

(6) Die Größe der Verbände entspricht der (statistischen) Größe ihrer Industriezweige. (7) Mit der Annäherung an den Endverbrauch werden die Industriezweige und Verbände kleiner.

2. Verbände mit vielen und wenigen Mitgliedern

(8) Die Zahl der Verbandsmitglieder hängt wesentlich von der Struktur der Industriegruppen ab. (9) Die Mitgliederzahl beeinflußt die Führungsfähigkeit eines Verbandes.

3. Probleme der Größenstrukturen

(10) Die verschiedenen Größenstrukturen führen zu typischen Friktionen.

C. Verbandsorgane der Mitglieder

(11) Die Zusammenarbeit der Verbandsorgane stößt auf manche Schwierigkeiten. (12) Vielfach fällt es auch nicht leicht, geeignete Vertreter der Mitgliedsfirmen zu gewinnen.

D. Geschäftsführer

(13) Die Verbandsgeschäftsführer sind an keine bestimmte Vorbildung gebunden. (14) Sie müssen aber vielfältige Kenntnisse besitzen (15) und die Sprache der Unternehmer verstehen. (16) Die Stellung und Bedeutung der Geschäftsführer ist wesentlich von der Struktur der Verbände abhängig. (17) Hervorragende Bedeutung haben die Hauptgeschäftsführer (18) die zum geschäftsführenden Präsidialmitglied werden können.

E. Demokratische Verbandsführung

(19) Die unmittelbare Demokratie muß sich auf die Rechte der Mitgliederversammlung beschränken, (20) aber auch die Mitgliederversammlungen entsprechen nicht der parlamentarischen Demokratie. (21) Die Gleichberechtigung aller Mitglieder schließt ein Übergewicht der großen Unternehmen nicht aus.

(22) Formale demokratische Sicherungen sind in den Industrieverbänden nicht üblich.

F. Psychologische Erfordernisse

(23) Die Industrieverbände sind auf ihre Überzeugungskraft angewiesen. (24) Dabei differiert die psychologische Situation der Leiter des Verbandes von der seiner Geschäftsführer. (25) Die Geschäftsführer sollten sich um „mittelmäßige" Aktivität bemühen. (26) Vor allem die Interessenvertretung nach außen verlangt ausgeprägtes psychologisches Geschick.

VII. Kritik und Reformmöglichkeiten

(1) Kritik an den Industrieverbänden ist leicht und häufig. (2) Konstruktive Kritik sollte von den Beteiligten ausgehen. (3) Die meisen Mängel sind Folgen der Organisationsfreiheit.

A. Vielzahl der Verbände

(4) Eine Zusammenfassung von Verbänden empfiehlt sich für überfachliche Aufgaben. (5) Die regionale Gliederung enthält nur geringe Vereinfachungsmöglichkeiten.

B. Fachliche Gliederung

(6) Die bestehende Verbandsgliederung nach der Industriestatistik ist teilweise unbefriedigend. (7) Die statistische Gliederung (8) bedient sich dreier wesentlich verschiedener Merkmale. (9) Zuordnungskonflikte entstehen vor allem bei neuartigen Erzeugnissen. (10) Die Statistik verursacht auch starke Größenunterschiede der Verbände. (11) Absatzfragen können andere Gliederungen als Produktionsfragen erfordern. (12) Das kann Zerlegungen oder Zusammenlegungen von Verbänden bedingen (13) mit verschiedenen Mitgliedschaften der einzelnen Unternehmen. (14) Die technische Entwicklung führt zu neuen Produktions- und Absatzzusammenhängen. (15) Das drängt zu wechselnden Kombinationen der Mitgliedschaften.

C. Sachliche Zuständigkeitsordnung

(16) Auch die Verteilung der sachlichen Aufgaben zeigt Mängel. (17) Der Abgrenzung und Vereinheitlichung sind aber relativ enge Grenzen gesetzt, (18) zumal sich fachliche und überfachliche Aufgaben schwer trennen lassen.

D. Tendenzen zur Konzentration

(19) Vieles spricht für eine Konzentration der Verbandsarbeit. (20) Die Verbände können sich ihr nicht entziehen.

E. Zentrifugale Tendenzen

(21) Die Verbände müssen anderseits der Tendenz zur industriellen Diversifizierung folgen, (22) obwohl sie die Gefahr der Zersplitterung mit sich bringt. (23) Die Einstellung der Firmen hierzu ist verschieden.

F. Reformaussichten

(24) Reformen müssen grundsätzlich der Selbstordnung durch die Verbände überlassen werden. (25) Das beschränkt die Reformaussichten. (26) Die geltende Autonomie der Verbände bedingt die Reformbereitschaft aller zugleich. (27) Reformen stoßen auch auf psychologische Schwierigkeiten.

G. Gewandelte Einstellung zur Allgemeinheit

(28) Den Industrieverbänden sind neue Aufgaben zugewachsen. (29) Sie sind gegenüber der Öffentlichkeit aufgeschlossener geworden. (30) Die Mitglieder

der Verbände sind positiver eingestellt. (31) Die Gegensätze zwischen den Interessen der Unternehmen und der Allgemeinheit haben sich abgeschwächt. (32) Die Interessenvertretung der Verbände sollte einerseits relativiert, anderseits aktiviert werden.

H. Vergleich mit dem Ausland

(33) Die deutschen Industrieverbände sind besser als die anderer europäischer Länder entwickelt.

I. Einleitung

Für ein besseres Verständnis in der Öffentlichkeit

(1) Man könnte vom *„Glanz und Elend"* der Industrieverbände sprechen. Groß und bedeutend, anerkannt und geschätzt erscheinen sie vor der Öffentlichkeit, wenn sie Tagungen mit vielen Teilnehmern in führenden Großstädten oder Badeorten abhalten; mit zahlreichen und bedeutenden Gästen von allen Seiten, mit Kundgebungen und Reden, die in weiten Kreisen beachtet und kommentiert werden; eingerahmt von großen gesellschaftlichen Veranstaltungen. Weit weniger bedeutend erscheinen sie jedoch, wenn sie an ihrem tatsächlichen Einfluß oder an der Größe ihres organisatorischen Apparates und ihrer finanziellen Mittel gemessen werden. Vor allem besitzen sie keine gesetzlich anerkannten Kompetenzen, so daß sie ständig um Anerkennung, ja um ihre Existenzberechtigung ringen müssen. Wenn die Geschäftsführung auch mit größtem Einsatz und besten Argumenten bei Regierung und Öffentlichkeit nichts auszurichten vermag und selbst die Mitgliedsfirmen sich ihr weitgehend versagen, so sind Resignation und Elendsgefühle naheliegend.

(2) Bedauerlich ist die weitgehende *Unkenntnis der Öffentlichkeit* über das Wesen und die Bedeutung, die Berechtigung und die Wirkungsmöglichkeiten der Industrieverbände. Als Repräsentanten der mächtigen Industrie werden sie meist erheblich überschätzt. Manchmal wird ihre Bedeutung auch bewußt übertrieben, um sie als gefährlich hinstellen zu können. Aber auch wer sich ein objektives Bild vom Verbandswesen verschaffen will, hat es damit nicht leicht. Es liegt nämlich in der Natur und Tradition der (deutschen) Industrieverbände, auf eine Selbstdarstellung in der Öffentlichkeit grundsätzlich zu verzichten. Ihren Mitgliedsfirmen ist in erster Linie an interner Verbandsarbeit gelegen. Nach außen wünschen sie eher Zurückhaltung, um nicht in die politische Schußlinie zu geraten.

(3) Die offenbaren Schwierigkeiten der Industrieverbände, sich nach außen bekannt und verständlich zu machen, haben mannigfache *Gründe*.

a) Die Medien zur Informierung der *Öffentlichkeit* zeigen sich an den Industrieverbänden wenig interessiert. Diese sind keine politisch wichtigen Organisationen wie etwa die Gewerkschaften oder die Vertreter großer Wählergruppen. Von der Materie her mögen die Industrieverbände wichtig sein, aber was sie zu sagen haben, ist um so weniger für den Mann auf der Straße verständlich, je mehr die Informationen sachgerecht formuliert und ausführlich begründet werden. Außerdem gelten die Industrieverbände so sehr als einseitig und interessengebunden, daß ihre Äußerungen selbst dann von weiten Kreisen von vornherein zurückgewiesen oder ignoriert werden, wenn sie sachlich voll belegt oder nachprüfbar sind.

b) Als Organisation, die von einem bestimmten Firmenkreis geschaffen, geführt und finanziert wird, hat ein Industrieverband primär seinen Auftraggebern zu dienen. Der weitaus größte Teil seiner Arbeiten ist daher nach *innen* gerichtet. Worum es dabei geht, interessiert Außenstehende ebensowenig wie etwa innere Angelegenheiten eines Industriebetriebes.

c) Die Verständnis- und Verständigungsschwierigkeiten werden dadurch vergrößert, daß die *Individualität* der Verbände keine einheitlichen und allgemeingültigen Vorstellungen über das Verbandswesen zuläßt. Diese Verschiedenartigkeit ist sowohl durch die Branchenverhältnisse bedingt als auch durch die jeweilige Struktur der Mitgliedschaft und deren Einstellung zum Verbandswesen; aber auch durch Tradition, maßgebende Persönlichkeiten und sonstige Umstände, die sich kaum klassifizieren lassen. Je mehr aber diese Individualität bewußt wird, desto weniger wird der Außenstehende sich berechtigt fühlen, Urteile über „die" Industrieverbände abzugeben.

(4) Dennoch versuchen die Verbände, Einblicke in ihre Organisation und Arbeit zu geben. Jeder Verband pflegt jährlich wie zu besonderen Anlässen umfangreiche *Tätigkeitsberichte* herauszugeben. Das gehört zur Rechenschaftspflicht gegenüber allen beteiligten oder interessierten Kreisen sowie zur Publizitätspflicht gegenüber den Mitgliedern. Indessen ist schwer zu erkennen, was hinter den berichteten Vorgängen steht. Das kann eigentlich nur jemand genügend ermessen und beurteilen, der selbst im Getriebe des Verbandswesens steht oder gestanden hat. Nur aus solcher Kenntnis läßt sich hinreichend verstehen, womit sich der Verband beschäftigt, wie sich die Zusammenarbeit zwischen Geschäftsführung und Mitgliedern in der Praxis gestaltet, welche Bedeutung und welches Gewicht die verschiedenen Verbandsorgane haben, auf welche Weise und auf welchen Wegen die internen Informationen laufen, wie der Verband seine Interessen nach außen vertritt u. a. m. Das Verständnis hierfür zu heben, ist der wesentliche Zweck dieser Darstellung.

II. Begriff und Wesen der Industrieverbände

A. Definitionen

Als eine spezielle Form der Verbände sollen die Industrieverbände von den allgemeinen Merkmalen der Verbände her schrittweise näher definiert werden.

1. Verbände

(1) Max *Weber*[1], der für formale soziologische Kategorien auch heute noch führend ist, hat eine Verbandsdefinition gegeben, die sehr allgemein und abstrakt gefaßt ist. *Merkmale* eines Verbandes sollen sein

— eine nach außen beschränkte oder geschlossene Beziehung (sprich: Abgrenzung des potentiellen Mitgliederkreises),

— ein Leiter oder Verwaltungsstab für das Handeln des Verbandes (sprich: eine feste Organisation als Träger des Verbandsgeschehens),

— ein spezifisch an der Verbandsordnung orientiertes Handeln des Verbandes (sprich: festgelegte Verbandsaufgaben und Arbeitsweise).

(2) Bei *Organisationsfreiheit* kommt hinzu

— freiwillige Mitgliedschaft

— demokratische innere Ordnung

— Finanzierung aus Mitgliederbeiträgen

(3) Grundlage für den Zusammenschluß bilden

— gemeinsame *Interessen* der Mitglieder und

— deren zusammengefaßte *Vertretung* als Verbandszweck.

2. Wirtschaftsverbände

(4) Sie sind Verbände im Bereich der *Wirtschaft* mit Unternehmen als Mitgliedern und deren wirtschaftlichen Interessen als Gegenstand der Verbandstätigkeit. In wissenschaftlicher Weise hat Edwin Buch-

---

[1] *Max Weber:* Wirtschaft und Gesellschaft, in: Grundriß der Sozialökonomik, Band III, Tübingen 1922, S. 27/28.

holz[2] einen „Beitrag zu einer Theorie der Wirtschaftsverbände" geliefert. Aus ihm wird freilich die große Schwierigkeit ersichtlich, angesichts der Vielgestaltigkeit der bestehenden Wirtschaftsverbände eine allgemeingültige Erklärung und Abgrenzung zu finden. Schließlich wird folgende Definition gegeben:

„Wirtschaftsverbände sind freiwillige Zusammenschlüsse von Einzelwirtschaftern oder Einzelwirtschaften (Elementarverbände) bzw. von deren Verbänden (Verbände höherer Ordnung) aus dem Wirtschaftsbereich; es sind Verbände privaten Rechts mit wirtschaftlichen Hauptaufgaben — aber ohne eigenen Geschäftsbetrieb —, um den Mitgliedern durch größtmögliche Selbsthilfe und umfassende Interessenvertretung gegenüber Dritten die Verbesserung oder Sicherung bestimmter ökonomischer, sozialer oder gesellschaftlicher Bedingungen zu gewährleisten" (S. 38).

(5) Hiernach läßt sich — mit einigen Abwandlungen und Ergänzungen — folgende nähere *Erklärung* für Wirtschaftsverbände geben:

a) Entsprechend dem *Verbandsbegriff* sind sie
  — freiwillige Zusammenschlüsse, die üblicherweise die Form von eingetragenen Vereinen haben
  — mit demokratischer Struktur auf privatrechtlicher Grundlage
  — mit zeitlich unbegrenzter Dauer und einer festen Organisation (Leitung und Geschäftsführung)

b) Der Kreis ihrer *Mitglieder* und die *Aufgaben* des Verbandes werden bestimmt und abgegrenzt durch
  — die Zugehörigkeit zu einem bestimmten Wirtschaftsbereich (z. B. Zweigen der Industrie, des Handwerks oder des Handels)
  — die damit gegebene Übereinstimmung und Gemeinsamkeit der Interessen der Mitglieder
  — die Absicht, diese Interessen intern wie extern durch den Verband gemeinsam vertreten zu lassen

c) Zur Abgrenzung gegenüber *anderen* Verbänden läßt sich hervorheben:
  — Mitglieder sind nicht einzelne Personen (wie z. B. bei Berufsverbänden), sondern *Unternehmen*.
  — Der Zusammenschluß ist nicht auf aktuelle Anlässe beschränkt (wie z. B. bei gemeinsamem Vorgehen gegen Steuerreformen), sondern auf *Dauer* angelegt.

---

[2] *Edwin Buchholz:* Die Wirtschaftsverbände in der Wirtschaftsgesellschaft, Tübingen 1969.

B. Zur öffentlichen Bedeutung der Interessenverbände 19

— Es geht nicht um ständische oder berufliche, sondern um *unternehmerische* Interessen.
— Es geht um wirtschaftliche, nicht sozialpolitische oder andere Interessen.
— Der Verband betreibt keine eigenen *Geschäfte*, sondern begnügt sich mit Dienstleistungen für seine Mitglieder oder die Allgemeinheit, die durch Beiträge und Umlagen finanziert werden.
— Der *Staat* leistet keine organisatorische oder finanzielle Hilfe (Zwangsmitgliedschaft und finanzielle Zuschüsse), sondern der Verband bleibt auf sich selbst gestellt.

3. Industrieverbände

(6) Sie haben die Merkmale der Verbände und der Wirtschaftsverbände, sind aber des näheren charakterisiert durch

— Unternehmen der *Industrie* als Mitglieder
— Vertretung von deren *Interessen* als Verbandsaufgabe.

Zum Begriff der Industrie sei auf den Anhang 2 verwiesen. Der Begriff der Vertretung ist in einem weitgefaßten Sinne zu verstehen: als gemeinsame Wahrnehmung durch den Verband nach außen und als Förderung der Mitglieder untereinander nach innen.

B. Zur öffentlichen Bedeutung der Interessenverbände

(7) Die *gesellschaftspolitische Position* und Funktion der Interessenverbände, zu denen die Industrieverbände gehören, wird treffend durch die Abhandlung über „Interessenverbände in der Bundesrepublik Deutschland" gekennzeichnet, die als Heft 145 aus Juni 1971 der „Informationen zur politischen Bildung" der Bundeszentrale für politische Bildung, Bonn, erschienen ist.

a) Als *Verbände* gehören sie zu den *intermediären Gruppen,* die Bindeglieder zwischen den isolierten Individuen und dem Staat darstellen. Sie entsprechen ebenso wie Parteien der pluralistischen Struktur einer demokratischen Ordnung. Das wird durch den historisch-politischen Ursprung des deutschen Verbandswesens bestätigt.

b) Die wirtschaftlichen Interessenverbände gliedern sich nach *Wirtschaftsbereichen.* Wie vielfältig die Zusammensetzung ist, zeigt der „Gemeinschaftsausschuß der Deutschen Gewerblichen Wirtschaft" (GDGW), der Verbände von nicht weniger als 15 Wirtschaftsbereichen umfaßt, darunter den BDI, den DIHT und die

BDA. Diese Spitzenverbände sind sowohl fachlich als auch regional gegliedert.

c) *Verbandsfunktionen* im demokratischen Regierungssstem sind:
— Sachberatung und Informationsvermittlung bei der Gesetzgebung
— Mitwirkung an laufenden demokratischen Kompromissen
— Information und Beratung der Mitgleider.

Der (mögliche) *Einfluß* eines Verbandes hängt von einer Vielzahl von Faktoren ab, insbesondere dem Organisationsgrad, der Leistungsfähigkeit seiner Organisation, der Qualität seiner Führung und seiner Finanzkraft. *Adressaten* der Verbandstätigkeit nach außen sind die öffentliche Meinung, Parteien und Parlament, Regierung und Verwaltung.

(8) Um den *Verbandseinfluß* auf die parlamentarischen und staatlichen Institutionen zu regulieren und zu kontrollieren, andererseits aber auch zu sichern, gibt es verschiedene Wege, insbesondere die Anhörung bei Gesetzesentwürfen und in Parlamentsausschüssen sowie die Mitwirkung in Beiräten und Kommissionen. Solche Verfahren haben sich zwar in manchen ausländischen Demokratien gut eingeführt und bewährt, sind jedoch in der BRD höchstens in Ansätzen vorhanden. Hier herrscht noch die Befürchtung illegaler Einwirkungen und korrumpierender Methoden vor; dazu eine verbreitete Geringschätzung von Organisationen, die sich offen zur Vertretung von Einzelinteressen bekennen. Das kann sie zu der Tarnung veranlassen, sie wollten nur dem Gemeinwohl dienen.

(9) Zur Charakterisierung und Profilierung von Industrieverbänden trägt der Unterschied von *Behörden* bei. Gleich ihnen haben die Verbände Dienstleistungsfunktionen für einen bestimmten Kreis von Beteiligten. Behörden mit demokratisch organisierter Selbstverwaltung (wie z. B. in der Kommunalverwaltung) haben auch ähnliche *Organe* wie Verbände. Indessen sind die Unterschiede größer als die Gemeinsamkeiten. Entscheidend ist vor allem:

a) Behörden nehmen *öffentliche* Aufgaben wahr, Verbände dienen privaten Interessen; jene sollen dem Gemeinwohl, diese dem Nutzen der Mitglieder dienen.

b) Die Stellung und die Rechte der Behörden sind durch *Gesetz* festgelegt. Damit sind hoheitliche Kompetenzen verbunden, die mit staatlichem Zwang durchgesetzt werden können. Verbände setzen sich ihre Aufgaben selbst; gegenüber ihren Mitgliedern sind sie auf *freiwillige* Mitarbeit angewiesen; nach außen und gegenüber

B. Zur öffentlichen Bedeutung der Interessenverbände

Behörden verfügen sie über keine Rechte, sondern können sie sich nur durch Überzeugung zur Geltung bringen.

c) Die behördlichen *Aufgaben* sind in rechtlich bindender Weise vorgeschrieben. Verbände können dagegen ihre jeweiligen Aufgaben selbst bestimmen und wechseln; auch in ihrer Arbeitsweise sind sie nicht gebunden. Die behördliche Gebundenheit kann bei sich ändernden Verhältnissen zu Starrheit und Leerlauf führen, während die Verbände elastischer sind und unter dem Zwang zu rationeller, kostensparender Arbeitsweise stehen. Wenn institutionell vorgesehene Verbandsorgane infolge veränderter Verhältnisse und Aufgaben zu wenig oder zuviel beansprucht werden, können sie relativ leicht umgestaltet oder abgeschafft oder stillgelegt werden.

III. Historische Entwicklung der Industrieverbände

(1) Schon seit der Mitte des vorigen Jahrhunderts, kurz nach Beginn der Industrialisierung, entstanden Verbände für einzelne Branchen und deutsche Länder oder Provinzen. Im Jahre 1876 bildete sich erstmals ein *Spitzenverband* der Industrie unter dem Namen „Zentralverband Deutscher Industrieller". Daneben kam 1895 ein „Bund der Industriellen" auf, der von der Mittel- und Kleinindustrie getragen wurde. Beide vereinigten sich im Februar 1919 zum „Reichsverband der Deutschen Industrie", der 1934 in die „Reichsgruppe Industrie" umgewandelt wurde. Alle diese Verbände verfolgten ausgesprochen wirtschaftspolitische Zwecke. — Näheres zur Geschichte bringt der Anhang 3.

A. Verstaatlichung nach 1933

(2) Die Wendung von der privaten zur *staatlichen Verbandsorganisation* wurde durch das „Gesetz zur Vorbereitung des organischen Aufbaus der deutschen Wirtschaft" vom 27. Februar 1934 eingeleitet. Es ermächtigte den Reichswirtschaftsminister, Wirtschaftsverbände als alleinige Vertreter ihres Wirtschaftszweiges anzuerkennen, Wirtschaftsverbände zu errichten, aufzulösen oder miteinander zu vereinigen sowie Unternehmer und Unternehmungen an Wirtschaftsverbände anzuschließen. Zu Verbänden wurden alle Organisationen deklariert, welche die Wahrnehmung wirtschaftlicher Belange von Unternehmen betrieben. — Aufgrund dieses Gesetzes erging am 27. 11. 1934 eine erste Durchführungsverordnung, welche die bestehenden Wirtschaftsverbände in „Wirtschaftsgruppen" umwandelte, ihnen die Stellung von rechtsfähigen Vereinen gab und Zwangsmitgliedschaft anordnete. Organisatorisch wurden die Wirtschaftsgruppen unter das sogenannte Führerprinzip gestellt. Sie erhielten gegenüber den Mitgliedern Weisungsrechte mit der Befugnis zu Ordnungsstrafen.

(3) Die damit eingeleitete Wandlung im Verbandswesen *verstärkte* sich in den *folgenden Jahren* anhaltend. Es lohnt sich, ihr hier etwas nachzugehen, weil dabei die Unterschiede zwischen einer privaten und einer staatlichen Wirtschaftsorganisation in charakteristischer Weise hervortreten[3].

---

[3] Für Einzelheiten sei vor allem auf die gut informierte Darstellung von Professor Dr. *Ingeborg Esenwein-Rothe:* Die Wirtschaftsverbände von 1933 bis 1945, Berlin 1965, verwiesen, die im Rahmen der Untersuchung des „Verein für Sozialpolitik — Gesellschaft für Wirtschafts- und Sozialwissenschaften" durchgeführt worden ist.

Für die Überleitung der privaten Wirtschaftsverbände in den Bereich der Partei und des Staates spielten in der *ersten Phase* — in den Jahren 1933 bis 1935 — ideologische Vorstellungen über eine ständische Ordnung der gesamten Wirtschaft eine Rolle, oder sie lieferten wenigstens einen Vorwand. Sie erstreckten sich von der Landwirtschaft („Nährstand", dem auch die Nahrungs- und Genußmittelindustrie zugeordnet wurde) bis zu den Industrieverbänden, bezogen aber auch die sozialpolitischen Verbände ein; darunter die Deutsche Arbeitsfront (DAF) als Nachfolgeorganisation der Gewerkschaften. Als *zweite Phase* folgten die Jahre 1936 bis 1938. Nach der Verkündung des „4-Jahres-Plan" (1936) wurde im gewerblichen Sektor wie im Reichsnährstand die Ein- und Umschaltung der Verbände auf die politischen und militärischen Ziele und Planungen eingeleitet und durchgeführt. Sie gewannen immer mehr den Charakter einer staatlichen Auftragsverwaltung mit den Prinzipien der Pflichtmitgliedschaft und ausschließlichen Vertretung, des Führerprinzips und der Weisungsgebundenheit. In der 1939 beginnenden *Kriegswirtschaft* wurden die Verbände zunehmend für kriegswirtschaftliche Lenkungsmaßnahmen, insbesondere für die Rohstoffbewirtschaftung, eingesetzt. Während der zweiten Hälfte des Krieges war von dem ursprünglichen Verbandscharakter kaum noch etwas zu verspüren. Neben den alten Industrieverbänden (Reichsgruppe Industrie nebst fachlichen Wirtschaftsgruppen) wurde für die rüstungswirtschaftlich wichtigen Industriezweige vom „Reichsminister für Rüstung und Kriegsproduktion" eine Reihe von „Ausschüssen" (rohstoffnah) und „Ringen" (verarbeitungsnah) gegründet, die in staatlichem Auftrag den zugehörigen Unternehmen direkte Produktions- und Lieferanweisungen gaben. Diese „Selbstverwaltung" erwies sich als sehr produktiv, hatte aber nichts mehr mit dem traditionellen Verbandswesen zu tun.

(4) Gewiß wuchs den Verbänden durch die staatliche Beauftragung und Ermächtigung, durch die Sicherung und Stärkung ihrer Stellung und durch ihre auch wirtschaftlich einschneidenden Kompetenzen eine *Bedeutung* zu, welche sie früher nicht besaßen. Indessen stand die Einsetzung der Verbände für politische Ziele zum ursprünglichen Wesen der Verbände in einem kaum überbrückbaren *Gegensatz*. Als Interessenvertretung, auf den eigenen Wirtschafts- und Fachbereich gerichtet, konnten sie sich nicht dem „Gemeinwohl" opfern. Daher blieb in den ganzen 12 Jahren ein anhaltender und hinhaltender Widerstand der Verbände gegenüber den politisch-staatlichen Ansprüchen wirksam; die Verbände versuchten, sich nicht in die Rolle eines bloßen Beauftragten des Staates drängen zu lassen, sondern die eigene Entscheidungsfreiheit und Interessenvertretung möglichst beizubehalten. Sie hatten dabei auch ansehnliche Möglichkeiten zur Sicherung und Stärkung der Position

ihres Industriezweiges bei der Verteilung von Rohstoffen, Energie und Arbeitskräften. Auch die Zwangskartellierung und -syndicierung mit Hilfe des Staates sollte zwar aus staatlicher Sicht die Preis- und Verteilungskontrolle erleichtern, diente aber ebenso den unternehmerischen Interessen.

(5) Das wirtschaftspolitische Ziel, die Verbände zu bloßen staatlichen Ausführungsorganen *umzufunktionieren,* wurde mit alledem nur zum Teil erreicht. Äußerlich paßten sich die Verbände hinreichend an. So fügten sie sich der Forderung, daß der Vorsitzende ein anerkanntes, wenn möglich prominentes Mitglied der Parteiorganisation sein und der Geschäftsführer wenigstens Parteimitglied sein sollte. Im inneren Verbandsgetriebe blieb jedoch der parteipolitische und staatliche Einfluß relativ gering. Die Verbände suchten — auch noch während des Krieges — das zu bleiben, was sie früher geworden und gewesen waren.

B. Renaissance nach 1945

(6) Mit Kriegsende zerfielen die bestehenden Verbände ins Nichts. Durch Verfügung des Kontrollrates der Besatzungsmächte wurden die früheren Verbände *aufgelöst* und wurde die Bildung neuer Verbände verboten, später genehmigungspflichtig gemacht. Die Auflösung wurde mit den Funktionen der staatlichen Wirtschaftslenkung begründet, welche die Verbände ausgeübt hatten. Das Verbot von Verbandsgründungen kam aus der Auffassung, daß die alten Verbände kartellartige Funktionen ausgeübt und damit die deutsche Wirtschaftskraft erheblich gestärkt hätten.

(7) Das strikte Kartellverbot blieb auch bestehen, als — etwa 1946 beginnend — sich wieder *neue Industrieverbände* bildeten; zunächst auf regionaler Ebene, dann allmählich auf das ganze „Vereinigte Wirtschaftsgebiet" übergreifend. Die Neuorganisation entwickelte sich mit großer Rührigkeit und erstaunlichem Erfolg. Ihr kam das große Bedürfnis der Unternehmen entgegen, sich in den völlig neuen Verhältnissen, deren Weiterentwicklung noch kaum abzusehen war, zu informieren und miteinander Fühlung zu nehmen. Aber auch die alte deutsche Freude am Organisieren und am Verbandswesen spielte mit.

(8) Wie man überall auf die Verhältnisse vor 1933 zurückgriff, so knüpfte man auch bei den neuen Industrieverbänden an die fachliche Abgrenzung, die Aufgabenstellung und den organisatorischen *Charakter der Verbände von früher* an. Freilich wurde damit die Chance, mit dem Neubeginn alles einmal grundsätzlich zu durchdenken und manches anders zu machen, verpaßt. Man sah lediglich darauf, daß es „demokratischer" als im Dritten Reich zuging. Zu dem restaurativen Charakter der neuen Verbandsbildung trug die personelle Zusammensetzung bei.

Auch im Verbandswesen waren großenteils die früheren Verbands-Geschäftsführer und Verbands-Vorsitzenden die treibenden und bestimmenden Elemente. So kam es zu einer Renaissance, bei der nichts Früheres vergessen, aber auch kaum neue Ansätze oder Verbesserungen gesucht und gefunden wurden. Lediglich in einem, allerdings wesentlichen Punkt trat eine Änderung ein: Durch das uneingeschränkte, auch von der Bundesregierung übernommene Kartellverbot blieb dieses Feld der Verbandstätigkeit nahezu verschlossen.

(9) Die *fachliche* Gliederung der Industrieverbände blieb über alle Jahrzehnte hinweg nahezu unverändert. Die großen technischen und wirtschaftlichen Veränderungen kamen nur darin zum Ausdruck, daß sich das *Gewicht* der einzelnen Industriegruppen wesentlich *verschob*. Früher bildeten Kohle und Stahl den (vor allem wirtschaftspolitisch führenden) Kern der Industrie. Bereits in den 20er Jahren gewann aber auch die (stark konzentrierte) Chemie bedeutendes Gewicht. Mit der Rüstung rückte die metallverarbeitende Industrie (Maschinenbau, Elektrotechnik, Fahrzeugbau, EBM-Industrie, Stahlbau) in den Vordergrund, und in den Nachkriegsjahren wuchs sie mit der (wirtschaftlich wie technisch bedingten) Investitionswelle bis auf zwei Fünftel des gesamten industriellen Volumens an. Auch die Bauindustrie nahm überproportional zu. Dagegen hat die Textilindustrie und Schuhindustrie ganz erheblich verloren; nicht zuletzt durch die Umkehr der Außenhandelssituation. Beachtlich gewachsen ist im Verbrauchsgüterbereich die Bedeutung der Bekleidungsindustrie. Auch die Nahrungs- und Genußmittel-Industrie hat durch Technisierung und wachsende Nachfrage in vielen Zweigen kräftig expandiert. — Im Zuge dieser Entwicklung haben sich im BDI die Anteile der einzelnen Industriegruppen stark verschoben. Indessen hat sich die Bedeutung und der *Einfluß* der Verbände nicht in gleichem Maße verändert. Durch Tradition, Organisation und Konzentration haben die alten, großen Verbände auch dort noch großes Gewicht behalten, wo ihre Industriegruppen zurückgefallen sind (z. B. bei Kohle, Stahl und Textil).

Die heutigen Mitgliedsverbände des BDI und ihre Struktur zeigt der Anhang 4.

IV. Organisation der Industrieverbände

A. Aufbau der Organisation

(1) Die Industrieverbände haben die Rechtsform eines *„eingetragenen Vereins"* (e. V.). Demgemäß
— beruhen sie auf ihren Mitgliedern
— ist ihr Bestand unabhängig vom Wechsel der Mitglieder
— bestehen ihre Organe (mindestens) aus der Mitgliederversammlung und dem Vorstand.

Diese organisatorische Struktur gehört zu den Merkmalen jedes Verbandes (s. II, 1—3). Juristische Person ist der Verband, um rechtsgeschäftlich auftreten und Vermögen haben zu können.

(2) In Verbänden mit vielen hundert bis zu mehreren tausend Mitgliedern hat es sich als nötig oder zweckmäßig erwiesen, die Mitgliederversammlung durch eine *Delegiertenversammlung* zu ersetzen. Für diese werden die Delegierten von den Mitgliedern der Fachverbände und Bezirksverbände gewählt. — Der Vorstand wählt aus seiner Mitte einen Vorsitzenden. In großen Verbänden mit einem relativ großen Vorstand (20—50 Mitglieder) wählt dieser ein *Präsidium* (3—8 Mitglieder), an dessen Spitze der Präsident des Verbandes steht. Delegiertenversammlung wie Präsidium sind gesetzliche Vereinsorgane; sie stellen die Mitgliederversammlung und den Vorstand im Sinne des BGB dar.

(3) Nicht im Vereinsrecht vorgesehen, aber von größter Bedeutung ist die (hauptberufliche) *„Geschäftsführung"*. Sie ist ausführendes Organ der Mitglieder und wird gewöhnlich vom Vorstand bestellt, angewiesen und überwacht, Personell besteht die Geschäftsführung aus den Geschäftsführern (lt. Satzung) und den Angestellten der Geschäftsführung, die unter der Leitung der Geschäftsführer stehen.

(4) Um die Geschäftsführung mit den Mitgliedern zu verbinden und deren Mitarbeit zu sichern, gibt es eine Reihe von Gremien, die aus *Vertretern der Mitgliedsfirmen* gebildet werden. Zumeist sind es ständige Organe, manchmal werden sie auch nur für vorübergehende Anlässe und Zwecke gebildet. Ihre Bezeichnung ist verschieden: Ausschüsse, Beiräte, Arbeitskreise, Kommissionen, Beraterkreise u. a. m. Sie sind keine Führungsorgane, haben aber doch in gewissem Grade Überwachungs- und Leitungsfunktionen gegenüber der Geschäftsführung.

Ihre wesentliche Aufgabe liegt indessen in der sachverständigen Beratung der Geschäftsführung, in der Aktivierung des Sachverstandes aus dem Fachbereich für die Interessen seiner Mitglieder.

(5) Die laufenden Geschäfte des Verbandes werden im wesentlichen von *drei Pfeilern* getragen und bestimmt:

— Geschäftsführung als Arbeitsorgan

— Vorstand und Präsidium als Führungsorgan

— Ausschüsse als Beratungsorgane

Dieses einfach und übersichtlich wirkende Grundschema *differenziert* sich aber ganz erheblich in der Praxis. Das ist bedingt durch

— die vielfältige Ausgestaltung der Organe nach Aufgaben und Arbeitsgebieten

— ihre notwendige funktionelle Verknüpfung miteinander

— ihre personelle Verbindung zur Sicherung der Einheitlichkeit.

Infolgedessen bietet die Organisation eines Industrieverbandes ein so vielgestaltiges Bild, daß es für Außenstehende nicht leicht übersehbar und verständlich ist. Um hiervon eine gewisse Vorstellung zu geben, ist im Anhang 5 am Beispiel des „Verbandes deutscher Papierfabriken" ein typisches *Organisationsmuster* vorgeführt. Dieser Wirtschaftszweig verfügt über eine straffe Verbandsorganisation und rührige Verbandstätigkeit, die seit rd. 100 Jahren besteht und sich bewährt hat. In anderen Verbänden liegen die organisatorischen Verhältnisse ganz ähnlich. Die Bezeichnung der Organe und ihr Gewicht weichen teilweise, jedoch nur unwesentlich ab. Je nach der Größe der Verbände wechselt die Zahl und Einteilung der Gremien, nach den technischen und wirtschaftlichen Besonderheiten auch die Bedeutung der fachlichen Organe. Indessen sind das nur graduelle Unterschiede.

B. Kompliziertheit der Organisation

(6) Es fragt sich, ob die übliche Verbandsorganisation nicht *unnötig kompliziert* ist, also einfacher und damit vielleicht auch effizienter gehalten werden könnte. Die Vielzahl der Instanzen könnte den Geschäftsablauf erschweren und zu übertriebenem Arbeitsaufwand führen. Hierzu kann der Eindruck beitragen, daß sich in den Mitgliederlisten der einzelnen Organe und Gliederungen häufig die gleichen Firmen wie die gleichen Personen finden, ebenso dieselben Mitglieder der Geschäftsführung.

(7) Gegen die (denkbare) Vermutung einer Überorganisation spricht schon die weitgehende Gleichartigkeit und Übereinstimmung des organisatorischen Aufbaus in allen Verbänden. Es scheint, daß er

- durch die Natur und die Aufgaben der Industrieverbände bedingt und erfordert wird,
- vorhanden sein muß, damit der Verband für alle auftretenden Probleme und Aufgaben gerüstet ist,
- in seinem Arbeitsablauf genügend effizient ist, denn überflüssige oder behindernde Einrichtungen würden sich gegenüber der kritischen Einstellung vieler Verbandsmitglieder auf die Dauer nicht halten können.

(8) Die relativ komplizierte Organisation ist hauptsächlich damit zu erklären, daß einerseits die *Mitglieder* maßgebend sein sollen, andererseits die eigentliche Arbeit doch durch die *Geschäftsführung* geleistet werden muß.

a) Um das *demokratische Prinzip* zu wahren, bedarf es einer Vielzahl von Gremien und Abstufungen. Sie sollen die Mitarbeit der Firmen und deren Führung des Verbandes ermöglichen. Nicht zuletzt soll dadurch der Verband den vielfach angesprochenen Sachverstand der Firmen aktivieren und nach außen repräsentieren können. Im übrigen ist die Demokratie immer eine mühsame und umständliche Aufgabe, die einen erheblichen organisatorischen Aufwand verursacht. Das zeigt sich in jedem Verein wie überall in der Politik. Bei einem Industrieverband kann es nicht anders sein.

b) Die *Geschäftsführung* gilt zwar (nur) als ausführendes Organ, hat aber weitgehend selbständige Bedeutung. Wer die Arbeit macht, hat auch entsprechenden Einfluß, und die Arbeit liegt nun einmal zum entscheidenden Teil bei der hauptamtlichen Geschäftsführung. Sie soll auf alles aufpassen, was wichtig ist oder werden kann; sie soll alles untersuchen, Ausarbeitungen und Vorschläge machen, eigene Initiativen entwickeln. Andererseits soll sie nicht zu selbständig werden, denn die Mitglieder wollen die Verbandsführung in der Hand behalten. Um beides miteinander verbinden zu können, geht es aber nicht ohne eine relativ umständliche Organisation, die eine enge Verzahnung mit ständigem Wechselspiel zwischen Mitgliedsorganen und Geschäftsführung sichern soll.

(9) Eine zweite wesentliche Ursache für den großen organisatorischen Aufwand liegt in der eingehenden *fachlichen Gliederung*. Sie ist erforderlich, weil das Interesse jedes Mitgliedes sich zunächst auf den fachlichen Sektor konzentriert, in dem es selbst tätig ist. Jede Firma erwartet und verlangt, daß ihr hierfür Entsprechendes geboten wird; sie will auch einen organisatorischen Rahmen finden, der hierauf zugeschnitten ist und in dem sie auf die gleichgelagerten anderen Firmen trifft. Eine solche Diversifikation kann technisch und absatzmäßig fast unbegrenzt weit gehen. Hierbei das organisatorische Optimum einzu-

halten, stellt die Verbandsführung vor schwierige Aufgaben. Sie soll zwar die Firmen nicht enttäuschen und ihr Interesse am Verband wach halten, aber sie soll auch Zersplitterung und unnötigen Aufwand vermeiden.

C. Geschäftsführung

Die große praktische Bedeutung der Geschäftsführung rechtfertigt es, sich mit ihr etwas näher zu beschäftigen.

(10) Die *Zahl der Angestellten* in der Geschäftsführung variiert stark, je nach der Größe der Verbände, dem Ausmaß ihrer Tätigkeit und den verfügbaren finanziellen Mitteln. Außer branchenbedingten Unterschieden spielt auch die Tradition mit.

a) An sich muß zwischen der zentralen Geschäftsführung und selbständigen Fachverbänden oder sonstigen fachlichen Gliederungen getrennt werden. Da jedoch die Aufgaben und Zuständigkeiten zwischen Zentrale und Fachbereichen unterschiedlich verteilt sind, müssen die Beschäftigten beider Bereiche zusammengerechnet werden. Daraus ergeben sich für die großen Verbände beträchtliche Zahlen, so z. B. für VDMA etwa 450, ZVEI etwa 180 und EBM-Verband 170 Angestellte.

b) Auch mittlere bis kleinere Verbände mit intensiver Tätigkeit verfügen über relativ zahlreiche Mitarbeiter, so der Gießereiverband über 60 (zuzüglich 90 in drei angegliederten Organisationen), Stahlverformung 70, Kautschukindustrie 30, Zigarettenindustrie 18.

c) Dagegen weisen die fachlichen Spitzenverbände nur wenige Angestellte auf: Gesamttextil 42, Glasindustrie 7, Papier- und Pappe-Verarbeitung 6, Ernährungsindustrie 5, Steine und Erden 4.

(11) Fast alle Industrieverbände verfügen über Untergliederungen in Gestalt von *Fachverbänden*. Bei großen Bundesverbänden sind diese manchmal größer als kleine Bundesverbände insgesamt. Die Zahl ihrer Angestellten und der Grad ihrer Selbständigkeit wird außer von der Größe der Fachbereiche und der Mitgliederzahl durch die Ausgeprägtheit fachlicher Besonderheiten bedingt. Geht die Selbständigkeit so weit, daß der Bundesverband nur einen Spitzenverband von Fachverbänden bildet, so fällt die Geschäftsführung der Fachverbände entsprechend umfangreich, die des Spitzenverbandes relativ klein aus. Haben dagegen die fachlichen Gliederungen mehr den Charakter von Abteilungen des Bundesverbandes, so liegt auch personalmäßig das Schwergewicht bei der zentralen Geschäftsführung. Manche Fachverbände verfügen auch über angegliederte, rechtlich oder organisatorisch selbständige *Arbeitsgruppen* (Außenstellen), die besondere statistische, technische, absatzmäßige oder handelspolitische Aufgaben haben und bei viel Kleinarbeit

ein sehr zahlreiches Personal (bis 50 Angestellte und noch mehr) haben können.

(12) Für das Verhältnis zwischen *zentraler Geschäftsführung und Fachverbänden* gibt es keine festen Regeln. Im Grundsatz soll alles, was nicht ausgesprochen fachlichen Charakter hat, von der Zentrale bearbeitet werden. Aber vieles ist nur teilweise fachbedingt und -abhängig. Außerdem gehören viele Mitglieder nur *einem* Fachverband an, so daß sie in ihrem Fachverband den ganzen Verband repräsentiert sehen. Jedenfalls pflegt der Kontakt zwischen den Mitgliedern und ihren Fachverbänden enger als von jenen zur zentralen Geschäftsführung zu sein. Das gibt den Fachverbänden entsprechendes Gewicht. An sich besitzt jedoch die zentrale Geschäftsführung die übergeordnete Kompetenz. Das erfordert auch die notwendige Einheitlichkeit der Geschäftsführung, die ein gewisses Weisungsrecht bedingt.

(13) Entsprechend der demokratischen Struktur der Verbände soll die Geschäftsführung nur das *ausführende Organ* des Verbandes sein, während die Entscheidungs- und Weisungsbefugnis den Mitglieder-Gremien vorbehalten ist. Die *tatsächliche Bedeutung* der Geschäftsführung ist aber — wie schon unter IV, 8 gesagt wurde — weit größer. Sie beginnt damit, daß die Geschäftsführung jeweils zu erkunden hat, wo und wie der Verband tätig werden sollte. Demokratische Entscheidungen können außerdem nur getroffen werden, wenn ihnen vorgearbeitet worden ist und bestimmte Vorschläge gemacht werden. Infolge der großen Zahl von Mitgliedern lassen sich diese nur in beschränktem Maße aktivieren. In der Hauptsache muß das Präsidium, obwohl es selbst nur ein beauftragtes Organ des Vorstandes ist, die Geschäftsführung maßgebend beeinflussen.

(14) Andererseits hat die Geschäftsführung von sich aus ein Interesse an guter *Zusammenarbeit* mit den Mitgliedern. Sie möchte deren Bedürfnissen und Wünschen entsprechen und bedarf vielfach auch zur Vertretung der Verbandsinteressen nach außen der Mitwirkung von Beauftragten ihrer Mitglieder. Der Erfolg des Verbandes nach außen hängt wesentlich von einer sachkundigen Begründung der fachlichen Interessen ab. Darin liegt der eigentliche Zweck und die Aufgabe der zahlreichen Ausschüsse, Arbeitskreise und ähnlichen Gremien, die innerhalb eines Verbandes mit den anstehenden Aufgaben befaßt werden. Auf sie ist die Geschäftsführung in hohem Maße angewiesen. Auch wichtige Erklärungen des Verbandes lassen sich vorteilhafter durch maßgebende Firmenvertreter statt allein durch die Geschäftsführung abgeben und begründen. Demnach sieht sich die Geschäftsführung aus gewichtigen Gründen veranlaßt, nicht zu selbständig und eigenwillig zu verfahren, sondern in engem Kontakt mit den Mitgliedern zu bleiben.

D. Spitzenverbände

(15) Von den im Anhang 4 angeführten Industrieverbänden sind die meisten Mitgliedsverbände, d. h. mit unmittelbarer Mitgliedschaft von Unternehmen, andere dagegen Spitzenverbände, d. h. Verbände von (rechtlich selbständigen) Mitgliedsverbänden. Oberhalb der fachlichen Industrieverbände (= Industriegruppen) ist der BDI der maßgebende Spitzenverband. Unter den fachlichen Verbänden kommen Spitzenverbände vor allem dort vor, wo die Fachzweige bedeutende Eigenarten aufweisen und deren Verbände von früh an starke Selbständigkeit besitzen. Das gilt insbesondere für die großen Bereiche der Halbzeugindustrie, der Textilindustrie und der Ernährungsindustrie.

Die Unterscheidung zwischen Spitzen- und Fachverbänden läßt sich in gewisser Weise auch auf manche große Mitgliedsverbände ausdehnen, die zahlreiche fachlich geprägte Wirtschaftszweige in der Form von Fachverbänden umfassen. Die prinzipiellen Unterschiede zwischen Spitzenverbänden und Einzelverbänden treten auch hier hervor, wenngleich nicht so ausgeprägt.

(16) Die Verteilung der *Aufgaben* und *Zuständigkeiten* zwischen Spitzenverbänden (Gesamtverbänden) und Mitgliedsverbänden (Einzelverbänden) folgt dem Prinzip, daß alle Angelegenheiten mit fachlichem Einschlag zu den Fachverbänden gehören, dagegen überfachliche Dinge zum Spitzenverband. Praktisch läßt sich diese Trennung jedoch schwer durchführen, denn die meisten Probleme haben nicht nur eine fachliche, sondern auch eine allgemeine (überfachliche) Seite. Deshalb muß eine *tendenzielle* Unterscheidung genügen. Hierzu läßt sich sagen:

a) Je umfassender ein Spitzenverband ist, desto mehr tritt der fachliche Einschlag zurück und gewinnt die überfachliche Seite in Gestalt des gesamtwirtschaftlichen Zusammenhangs an Bedeutung. Andererseits erhält die gesamtwirtschaftliche Mitsprache auch eines Spitzenverbandes gerade dadurch Bedeutung, daß sie besondere Verhältnisse aus ihrem Wirtschaftsbereich zur Geltung bringt.

Selbst der Bereich der Industrie ist nicht fest abgegrenzt, sondern zeigt in der statistischen wie organisatorischen Erfassung verschiedene Abstufungen. International übereinstimmend ist der Begriff der Verarbeitenden Industrie (wobei in anderen Ländern — abweichend von der BRD — vielfach keine Trennung vom produzierenden Handwerk durchgeführt wird). Hinzu kommt der Bergbau. Auch die Bauwirtschaft bildet vielfach einen selbständigen Wirtschaftsbereich, der Industrie und Handwerk im Rohbau und Ausbau umfaßt. Weiter kann die Energiewirtschaft in verschiedenem Grade zur Industrie gerechnet werden. Das geschieht für die BRD mit dem Kohlenbergbau, der Mineralölgewinnung und -verarbeitung sowie der Gaswirtschaft, nicht aber mit der Elektrizitätserzeugung, von der die Energieversorgungsunternehmen in der Vereinigung Deutscher Elektrizitätsweke (VDEW) organisiert sind, die außerhalb des BDI steht.

b) Das Fehlen von *Firmenmitgliedern* gibt den Spitzenverbänden größere Unabhängigkeit, bringt aber auch erhebliche Schwächen mit sich. Die Stärke und der Nährboden der fachlichen Industrieverbände liegt in der unmittelbaren Verbindung mit der Praxis, welche die Firmenmitglieder bieten. Die Spitzenverbände bemühen sich deshalb manchmal um unmittelbare Kontakte zu großen Unternehmen. Die Fachverbände sehen das natürlich nicht gern, denn sie fürchten, dadurch überspielt zu werden. Die vom Spitzenverband angesprochenen großen Unternehmen und Konzerne versprechen sich davon jedoch stärkere eigene Wirkung, denn der Spitzenverband erreicht eher die maßgebenden wirtschaftspolitischen Instanzen und findet auch sonst vielfach leichter Gehör als ein Fachverband.

(17) Bei der Vielzahl und Verschiedenartigkeit der Fachverbände kann es nicht ausbleiben, daß die einzelnen Gruppen verschiedenartige und sogar *widerstreitende Interessen* haben. Nicht allein, daß Grundstoff-, Investitionsgüter- und Verbrauchsgüterindustrie verschieden gelagert sind; häufig stehen sie durch ihre vertikalen Verbindungen auch im Gegensatz zueinander. Was der Stahlindustrie zusagt, braucht der metallverarbeitenden Industrie nicht zu passen; was die Investitionstätigkeit fördert, braucht der Verbrauchsgüterindustrie nicht günstig zu sein. Kartellierungsbestrebungen der Grundstoffindustrien können von den Industriezweigen, die ihre Abnehmer sind, abgelehnt werden. Andere Divergenzen bestehen z. B. zwischen stark exportorientierten Industriezweigen und rohstoffmäßig stark importabhängigen Industriezweigen. Unterschiedliche Interessenlagen zeigen sich auch in der Einstellung zur Konzentrationspolitik und zur Mittelstandspolitik, die von der Mitgliederstruktur der Fachverbände bestimmt wird.

Infolgedessen fällt es den Spitzenverbänden häufig sehr schwer, eine Linie zu finden, auf die sich *alle* zugehörigen Fachverbände einigen können. Da eine solche Einigung nie restlos möglich ist, besteht für die Spitzenverbände die *Gefahr*, daß sie sehr *zurückhaltend* taktieren oder sich in allzu unbestimmter Form äußern. Wenn sie entschiedener und damit einseitiger auftreten würden, könnte das einzelne Fachverbände veranlassen, mit ihrer abweichenden Auffassung offen hervorzutreten.

Andererseits ist die ausgleichende Funktion und Haltung der Spitzenverbände auch für die Fachverbände nützlich, weil diese ihren Standpunkt leicht überziehen und damit nach außen keineswegs die erwartete Wirkung erzielen.

E. Verbandsetat

(18) In einer Umfrage des Verfassers bei den bedeutendsten Industrieverbänden war auch nach der Höhe des Jahresetats gefragt worden,

also dem Gesamtvolumen der Einnahmen und Ausgaben. Hierzu haben die befragten Verbände jedoch keine einheitlichen und demgemäß keine vergleichbaren und summierbaren Angaben gemacht. Gewiß war auch eine Zurückhaltung in der Auskunftsbereitschaft spürbar, aber entscheidend war die *Unterschiedlichkeit der Verhältnisse*, auf die von den Verbänden selbst hingewiesen wurde. Sie betrifft die Struktur wie die Finanzierungsweise der Verbände. Folgendes trat hervor:

a) Ausgehend von der Mitgliedschaft zum BDI, stellen nicht wenige Verbände nur *Spitzenverbände* dar. Beiträge bei Unternehmen werden von ihren Fachverbänden erhoben, die daraus sich selbst wie den Spitzenverband finanzieren. Da der organisatorische „Apparat" des Spitzenverbandes klein ist, braucht dieser nur einen kleinen Etat. Würde man für den Fachbereich nur diesen Etat berücksichtigen, so blieben die weit größeren Etats der Fachverbände außer Ansatz. In den meisten Fällen wird jedoch von der Geschäftsführung des Spitzenverbandes (Bundesverband) in Personalunion auch ein erheblicher Teil der Geschäftsführung der Fach- und Landesverbände übernommen. Das ergibt einen größeren finanziellen Aufwand für den Spitzenverband.

b) Bei unmittelbarer Firmenmitgliedschaft werden die Beiträge gewöhnlich vom *Gesamtverband* erhoben; aus ihnen werden auch die zugehörigen Fachverbände finanziert. Daneben können jedoch die *Fachverbände* auch eigene, direkte Beiträge von ihren Mitgliedern erheben. Das geschieht vor allem bei Fachverbänden mit überdurchschnittlich intensiver und aufwendiger Verbandstätigkeit. Im Etat des Gesamtverbandes erscheinen diese Sonderbeiträge nicht.

c) Manche Verbandsaufgaben erfordern einen so großen Arbeitsaufwand, daß sie organisatorisch *ausgegliedert* und formal selbständigen Instanzen übertragen werden. Beispiele hierfür bilden statistische Meldestellen, Institute für Marketing oder betriebswirtschaftliche Untersuchungen, Fachgemeinschaften für technische Normungsarbeiten, Forschungsgemeinschaften für den Auslandsabsatz. Da hierbei nicht alle Mitglieder in gleichem Maße interessiert sind und mitmachen, die Kosten aber ganz erheblich sein können, werden von den beteiligten Firmen eigene Beiträge oder Umlagen erhoben, die außerhalb des Verbandsetats bleiben. Andererseits kann sich der Verband auch durch einen pauschalen Zuschuß an der Finanzierung beteiligen. Je nach dieser Finanzierungsweise werden also die Etats der Verbände gar nicht, wenig oder erheblich berührt.

d) Ein bedeutender Teil aller Verbandseinnahmen und -ausgaben hat *durchlaufenden* Charakter. Das gilt vor allem für die Beiträge an den BDI. Bemessungsgrundlage sind die Umsätze und Beschäftigten der Mitgliedsverbände. Auch technische Vereinigungen, Forschungsinstitute und andere der Branche nahestehenden Organisationen erhalten von den Industrieverbänden erhebliche Zuwendungen. Sie reichen von sechsstelligen Förderbeiträgen bis zu kleinen Mitgliedsbeiträgen für Organisationen, die dem Verband relativ fernstehen. Mit solchen Beiträgen und Spenden sieht es bei den Industrieverbänden ähnlich aus wie bei größeren Unternehmen. Mitunter veranlassen diese den Verband zu entsprechender Mitgliedschaft, um sich selbst davon zu entlasten.

e) Aus der Fülle der Finanzierungsmodalitäten seien noch zwei weitere Punkte hervorgehoben:

— Neben dem ordentlichen gibt es einen *außerordentlichen* Verbandsetat. Ersterer enthält die laufenden Ausgaben und wird durch Beiträge, Kapitalerträge und sonstige regelmäßige Einnahmen finanziert. Der außerordentliche Etat enthält einmalige, besondere Aufwendungen (z. B. für den Bau eines Verbandshauses) und finanziert sich aus Umlagen, Spenden oder einmaligen Kapitalzuflüssen. Der Umfang des ao. Etats ändert sich verständlicherweise sprunghaft von Jahr zu Jahr.

— Es führt natürlich zu großen Mehrausgaben, wenn ein Verband auch tarifpolitische und sonstige *Arbeitgeberfunktionen* wahrnimmt. Da aber alle Ausgaben aus einem Etat bestritten werden, läßt sich nicht sagen, wieviel davon zum einen und anderen Verbandssektor gehören.

Insgesamt ergibt sich daraus ein denkbar buntes Bild der Finanzierungsverhältnisse. Daraus den Gesamtaufwand zu ermitteln, ihn von Mehrfachzählungen zu bereinigen und dann nach Quellen und Verwendungszwecken zuzurechnen, ist praktisch unmöglich. Allenfalls läßt sich eine ganz grobe Schätzung anstellen. Berücksichtigt man die reinen Beitragseinnahmen (einschließlich regelmäßiger Umlagen), so kann für 1971 eine Summe von etwas über 200 Mio. DM angenommen werden. Indessen hat diese Zahl keinen verbindlichen Charakter.

F. Organisationsgrad

(19) Für die Beurteilung des Vertretungsanspruchs der Verbände nach außen und des Nutzens ihrer internen Arbeiten wird immer wieder nach dem Grad ihrer Repräsentation gefragt, d. h. des Anteils ihrer Mitglieder an der Gesamtheit der Unternehmen, die der betreffenden Industriegruppe angehören. Dieser Repräsentationsgrad wird an dem Prozentsatz gemessen, den die Mitgliedsfirmen vom Produktionsvolumen oder -wert, vom Umsatz und/oder von den Beschäftigten des betreffenden Fachbereichs ausmachen. Dieser Prozentsatz liegt bei den einzelnen Verbänden sehr verschieden hoch. Er beträgt im allgemeinen zwischen 70

und 85 % der Produktion, bei einigen Verbänden nicht weit über 50 %, bei nicht wenigen anderen jedoch erheblich über 90 %, bis zur praktisch vollständigen Erfassung.

(20) Solche Prozentzahlen dürfen allerdings *nicht überbewertet* werden. Bei Überschneidungen der fachlichen Zuständigkeit ergeben sich für jeden beteiligten Verband relativ niedrige, insgesamt aber doch hohe Repräsentationsgrade. Weitere Gründe für die verschiedene Höhe des Repräsentationsgrades sind

— mehr oder minder große „Verbandsfreudigkeit" und Solidarität der Firmen eines Fachbereichs

— überwiegende Gemeinsamkeiten oder Rivalitäten unter den Firmen

— Zusammensetzung des Fachbereichs aus wenigen großen oder vielen kleinen Firmen

— Leistung und Ansehen eines Verbandes.

Auch niedrige Prozentanteile brauchen den Vertretungsanspruch eines Verbandes nicht wesentlich zu mindern, wenn seine Mitglieder einen guten Querschnitt des betreffenden Fachbereichs darstellen, denn die Repräsentanz ist nicht allein quantitativ, sondern auch qualitativ zu werten.

V. Verbandsaufgaben

A. Ansätze für ihre Feststellung

Es geht hier um die Frage, womit sich die Verbände — gemäß den von ihnen selbst gestellten Aufgaben — befassen; nicht jedoch darum, was ihre Aufgaben sein sollten. Auf die Praxis, nicht auf Thesen und Theorien kommt es hier an.

(1) Zunächst wird man sehen, was die *Satzungen* der Industrieverbände über deren Zwecke und Ziele besagen. Sie erklären, weitgehend übereinstimmend, daß der Verband die gemeinsamen wirtschaftlichen und fachlichen Interessen der Mitglieder wahren und fördern soll. Damit läßt sich jedoch nicht viel anfangen, denn

— das Wort „Interesse" ist fast bis zur Inhaltslosigkeit abgegriffen

— welche Interessen „gemeinsam" sind, d. h. für alle Beteiligten in gleicher Weise bestehen, kann verschieden beurteilt werden

— bei einem Unternehmen ist alles „wirtschaftlich" orientiert, so daß dieser Ausdruck allenfalls eine Unterscheidung zu „sozial" oder „politisch" bedeutet

— „fachlich" bezieht sich auf die Industriegruppe, die der jeweilige Verband umfaßt, aber tatsächlich beschäftigen sich die Verbände nicht allein mit spezifisch fachlichen Anliegen

— „Wahrung und Förderung" sind ebenfalls reichlich globale und allgemeine Ausdrücke, die nahezu beliebigen Spielraum lassen.

(2) Etwas mehr läßt sich aus „*Tätigkeitsberichten*" (Geschäftsberichten) entnehmen. Sie pflegen von der Geschäftsführung den Mitgliedern vorgelegt zu werden, insbesondere bei den Jahresversammlungen. Mitunter werden sie auch veröffentlicht. Außenstehende können daraus jedoch nur wenig über die Verbandsarbeiten ersehen. Großenteils wird nicht über die Verbandsarbeit berichtet, sondern über die Entwicklung des eigenen Wirtschaftszweiges, insbesondere die Produktionsbedingungen und Absatzverhältnisse, Aus- und Einfuhren, Preis- und Kostenentwicklung; dazu über einschlägige Maßnahmen oder Gesetzesvorlagen der Wirtschafts- und Sozialpolitik; schließlich über supra- und internationale Organisationen und ähnliches mehr. Meist wird auch ausgeführt, wie der Verband diese Vorgänge beurteilt. Ferner wird — wenn auch relativ wenig — berichtet, was der Verband gegenüber Regierung,

Behörden und anderen Organisationen als Standpunkt seiner Mitglieder vertreten hat und welche Informationen er der Öffentlichkeit gegeben hat. Mit alledem ist nicht viel gesagt. Es fehlen Angaben darüber,

— warum die angeführten Themen und Probleme vom Verband aufgegriffen worden sind, während andere von ähnlicher Art ausgelassen worden sind,

— welchen Arbeitsaufwand die einzelnen Probleme verursacht haben,

— auf welchen Wegen und mit welchen Mitteln die Geschäftsführung für den Verband tätig geworden ist,

— ob und welche Wirkungen erzielt worden sind.

Noch weniger als über die nach außen gerichteten Aktivitäten wird über die *internen* Verbandsarbeiten berichtet, obwohl sie gewöhnlich viel größeren Aufwand erfordern.

(3) Nicht sehr aufschlußreich sind auch die *Organisationspläne* der Verbände. Man sieht daraus z. B., daß jeder größere Verband über eine Reihe von Abteilungen oder Referenten verfügt mit etwa den Titeln: Recht, Steuern, Betriebswirtschaft, Technik, Statistik, Außenhandel, Volkswirtschaft, Presse u. a. m. Trotz dieser Übereinstimmung ist jedoch die effektive Tätigkeit der Verbände in diesen Bereichen von sehr verschiedener Art und Intensität, je nach ihren fachlichen Verhältnissen und ihrem individuellen Charakter. Hierzu gehören

— die Produktions- und Absatzbedingungen, die Abhängigkeit von Aus- und Einfuhren, die technischen Probleme, die Bedeutung von Investitions- und Finanzierungsfragen, die Wettbewerbsverhältnisse untereinander. Hinzu kommen

— die verschieden starke „Verbandsfreudigkeit" der Mitglieder, die Aktivität des Vorstandes und der Geschäftsführung sowie die verfügbaren finanziellen Mittel.

(4) Im wesentlichen entscheidet über das Aufgabengebiet und die Arbeitsweise eines Verbandes die *Verbandsführung* selbst. Sie bestimmt, was wichtig und nützlich sein soll. Daraus gewinnt jeder Verband seine eigene Gestalt und Struktur. Allerdings bilden die sachlichen Gegebenheiten und Erfordernisse die Grundlage. So gibt es Verbände, bei denen die Außenhandelsfragen eindeutig dominieren; andere, bei denen allgemeine wie spezielle wirtschaftspolitische Probleme das Schwergewicht bilden; wieder andere, wo Wettbewerbs- und Marktfragen die Mitglieder am stärksten beschäftigen. Es gibt aber auch Verbände, die sich ganz überwiegend mit internen Fragen zur Unternehmensführung beschäftigen.

(5) Die *Selbstbestimmung* der Verbandsaufgaben und damit die Unterschiedlichkeit der Arbeitsprogramme der Verbände ist eine Folge davon, daß

— die Verbände nicht durch eine allgemeinverbindliche Ordnung (Gesetz) bestimmte Aufgaben und Zuständigkeiten besitzen, vielmehr

— die Organisationsfreiheit der Verbände und das demokratische Prinzip der Verbandsführung alles der individuellen Entscheidung der Mitglieder überläßt.

Infolge dieser Gestaltungsfreiheit können die Verbände sich auf das *konzentrieren*, was ihnen wichtig und nützlich erscheint. Sie verfügen auch über die nötige Beweglichkeit und Anpassungsfähigkeit, um ihre Tätigkeit den sich wandelnden Verhältnissen und Erfordernissen anzupassen.

So kann z. B. eine Konzentrationsenquête, eine Reform der Industriestatistik, ein neues Aktien- oder Unternehmensrecht zur aktuellen Schwerpunktaufgabe werden; oder Programme zur Förderung des Mittelstandes, der Forschung, der Berufsausbildung u. a. m. Hierauf muß sich die Geschäftsführung jeweils gezielt und gesammelt einstellen. Wenn aber diese Aktionen abgelaufen sind, müssen sie durch neue Aufgaben abgelöst werden.

In ständigem Wandel befinden sich auch die Aufgaben aus der *wirtschaftlichen* Lage der Mitglieder. Manchmal stehen die Auftragsbestände und (ausreichende) Beschäftigung im Vordergrund; aber schon nach relativ kurzer Zeit kann Übernachfrage und Mangel an Arbeitskräften zum entscheidenden Problem werden; oder die Preise und Löhne, die Investitionen, der Export, der Druck von Importen u. a. m. Eine Verbandsführung, die alles gleichbleibend in schematischer und bürokratischer Weise behandeln würde, käme damit nicht zurecht.

B. Vertretung nach außen

(6) Die Verbandsaufgaben weisen im wesentlichen in *zwei Richtungen*. Die Verbände sollen

a) nach *außen*

— ihre Mitgliedsfirmen als Gruppe repräsentieren,

— die Interessen ihrer Mitgliedsfirmen vertreten,

— den organisierten Sachverstand aus ihrem Mitgliederbereich zur Geltung bringen,

b) verbands*intern*

— ihren Mitgliedsfirmen durch Informationen und Anregungen dienen,

— Kontakte zwischen ihren Mitgliedsfirmen ermöglichen, organisieren und inhaltlich fördern.

(7) Nach außen sollen die Verbände insbesondere gegenüber dem *Staat* (Parlament, Regierung, Verwaltung) die gemeinsamen Interessen ihrer Mitglieder als Gruppe vertreten. Der Staat benötigt seinerseits die Verbände, weil er nicht mit jedem Unternehmen einzeln verhandeln kann. Als Repräsentanten der Unternehmen sollen die Verbände das Gespräch mit dem Staat führen.

Gleichartige Aufgaben haben die Verbände gegenüber anderen Wirtschaftsverbänden und der Öffentlichkeit. Dabei geht es im wesentlichen um

— sachverständige Information und Beratung für die Wirtschaftspolitik und die Öffentlichkeit, die auf der (zusammengefaßten) Kenntnis der Verhältnisse im Verbandsbereich beruht,
— Verteidigung der Interessen gegen Kritik und Belastungen durch die Wirtschaftspolitik oder andere Wirtschaftsbereiche,
— Anregungen und Vorschläge zu produktiver Unterstützung des betreffenden Wirtschaftsbereichs.

(8) Die Interessenvertretung galt *früher* als die beherrschende oder sogar allein bestimmende Verbandsaufgabe. Dabei sind die Verbände gegenüber der Regierung und der Öffentlichkeit weit entschiedener als heute aufgetreten: so z. B. der Bergbauverein in Essen, der sog. Langnamverein in Düsseldorf und der Reichsverband der Deutschen Industrie. Sie wollten über die Behörden und die Regierung hinaus unmittelbar die Politik und öffentliche Meinung beeinflussen. *Heute* ist diese Wirkung der Industrieverbände weit geringer. Das muß insofern überraschen, als

— das gesamtwirtschaftliche Gewicht der westdeutschen Industrie viel größer als in der Vorkriegszeit ist,
— wirtschaftliche Fragen im politischen wie im gesellschaftlichen Raum viel stärker beachtet werden als früher,
— auch im privaten Bereich das Leben mehr von wirtschaftlichem Denken und Verhalten beherrscht wird.

(9) Das *Bedürfnis* nach öffentlicher Mitarbeit der Industrieverbände ist dadurch bedeutend gestiegen, daß

— die organisierte Vertretung von Gruppeninteressen im herrschenden Pluralismus wichtiger denn je und weitgehend unentbehrlich ist,
— die wirtschaftliche und die sonstige Welt immer komplizierter und differenzierter wird, so daß umfangreiche und qualifizierte Informationen benötigt werden,

— die Wirtschaft von politischer Seite zunehmend organisiert und geplant wird, um sie beeinflussen und regieren zu können.

(10) Auf der anderen Seite hat die *politische Entwicklung* eine Einflußnahme der Industrieverbände dadurch zunehmend *erschwert*, daß

— die Politik eindeutig die Vorherrschaft über die Wirtschaft beansprucht,

— die Industrie um so eher und lieber zum Gegenstand politischer Bestrebungen und Belastungen wird, je wichtiger die Wirtschaft geworden ist (Ziff. 8) und je mehr die wirtschaftliche Leistungsfähigkeit der industriellen Unternehmen gewachsen ist,

— demokratische, sozialpolitische und gesellschaftliche Tendenzen und Bestrebungen sich immer stärker gegen die Unternehmerwirtschaft wenden

— die Verteilungsprobleme das früher dominierende Produktionsprestige verdrängt haben.

Infolgedessen gelingt es den Industrieverbänden weniger als früher, mit der Politik fruchtbare Kontakte zu pflegen und zu kooperieren. Vielmehr werden sie in eine Abwehrrolle gedrängt, in der sie politisch der schwächere Teil sind.

(11) Die Apologeten der *„sozialen Marktwirtschaft"* haben kaum weniger als Vertreter sozialistischer Tendenzen dazu beigetragen, die Stellung und das Ansehen der Industrieverbände zu mindern. Ihre Kritik lautet:

— Die Industrieverbände (und Arbeitgeberverbände) wirken antiquiert und unglaubwürdig. Sie haben es nicht verstanden, sich der neuen Zeit anzupassen.

— Sie verstehen sich als Interessenvertreter der Unternehmer, statt an die Interessen der Gesamtheit zu denken.

— Die Verbände müßten, statt für die Interessen der Unternehmer einzutreten, ihre Mitglieder auf ihre Verpflichtungen gegenüber der Allgemeinheit hinweisen und sie zum Leistungs- und Wettbewerbsgedanken, zu Gemeinnutz und politischem Engagement erziehen. Allein damit könnten die Verbände sich politisch legitimieren und öffentlich glaubwürdig werden.

(12) Mit solchen Erwartungen und Forderungen wird jedoch die *natürliche Aufgabe* der Industrieverbände *verkannt*. Gerade die marktwirtschaftliche Ordnung und die politische Demokratie braucht die Verbände als Organ einer klaren Interessenvertretung. Sie verstoßen damit nicht gegen die öffentliche Ordnung, sondern übernehmen in dieser eine notwendige Funktion:

— Es ist nicht nur legitim, sondern geradezu unentbehrlich, daß sich die wirtschaftlichen Gruppen — zu denen die Unternehmer ebenso gehören wie die Arbeitnehmer, die Kapitalgeber wie die Verbraucher, die Industrie wie Handwerk, Handel und Landwirtschaft — *organisieren,* nach außen repräsentieren und untereinander abstimmen.

— Die Industrieverbände sind private Organisationen, von ihren Mitgliedern geschaffen, beauftragt und finanziert, um die *Interessen* ihrer Gruppe zu vertreten, wie es andere Gruppen ebenfalls tun.

— Nach außen verfügen die Verbände über keine politische oder sonstige *Macht.* Sie haben insofern auch keine politische Verantwortung für die Allgemeinheit.

— In der pluralistischen Demokratie können die Industrieverbände nur mit objektiven *wirtschaftlichen* Argumenten zum Erfolg kommen. In der parteipolitischen Demokratie haben sie sonst kein Gewicht[4].

Demnach sind Kritiken und Vorwürfe, daß die Industrieverbände vor ihrer angeblichen politischen Aufgabe versagten, unverständlich; sie gehen von falschen Voraussetzungen aus.

(13) Tatsächlich ist von einem *politischen Einfluß* der Industrieverbände wenig zu bemerken. Das ist im Anhang 6 näher ausgeführt. Diese Tatsache hat aber bisher nicht zu einer Berichtigung falscher Vorstellungen geführt, sondern ist in die Vermutung umgemünzt worden, die Verbände operierten im Hintergrund oder *Untergrund,* hauptsächlich durch Einsatz ihrer finanziellen Mittel. Mit dieser Beurteilung wird das negative Bild der Industrieverbände in der Öffentlichkeit nahezu perfekt: Sie versagen (angeblich) nicht nur vor ihren wahren politischen Aufgaben, sondern bedienen sich auch verbotener Methoden. Die Verbände selbst können gegen eine solche Diskreditierung kaum angehen, denn gegen falsche Unterstellungen ist man ziemlich machtlos.

C. Interne Verbandsarbeiten

(14) Was die Verbände *für ihre Mitglieder nach innen* leisten, ist der Öffentlichkeit verständlicherweise weitgehend unbekannt, sollte aber stärker gewürdigt werden; denn diese Verbandsarbeiten nehmen meist viel größeren Raum ein als die Vertretung nach außen und sind zweifellos recht produktiv. Zu diesen Tätigkeiten gehören

---

[4] Auch mit Geld können sie keinen größeren Einfluß nehmen. So beträgt in 1972 der ganze Etat des BDI rd. 15 Millionen, während der DGB allein für Öffentlichkeitsarbeit mehr als 100 Millionen ausgibt.

a) *Informationen und Anregungen* der Geschäftsführung für die Mitglieder. Dabei interessiert vor allem Material, welches die Firmen von ande ;n Stellen (durch Zeitungen und Zeitschriften, durch andere Verbände oder durch amtliche Veröffentlichungen) n i c h t erhalten.

b) Ein Verband soll *Kontakte* unter den Mitgliedern herstellen, die g e m e i n s a m e Plattform bilden, auf der sie sich treffen, austauschen und nach Möglichkeit untereinander verständigen können.

> Die (mehr akademische) Idee, daß jeder Unternehmer in seinem Konkurrenten allein den Feind sähe, ist nicht einmal zur Hälfte richtig. Die anderen Unternehmer sind zunächst einmal nicht Konkurrenten, sondern Kollegen mit übereinstimmenden Verhältnissen und gleichen Interessen. Die Einsicht in diese Übereinstimmung und damit die Bereitschaft zu Austausch und Verständigung soll die Geschäftsführung fördern und stärken. Sie kann die Gemeinsamkeiten hervorheben, Anregungen geben, Möglichkeiten zum gegenseitigen Austausch organisieren und Verständigungen herbeiführen.

(15) Eine besonders umfangreiche Form verbandlicher Arbeiten bilden die *Informationen,* die verschiedene Gestalt haben.

a) Zur Information nach innen wie nach außen hin pflegen die Verbände von Zeit zu Zeit Broschüren oder ähnliche *größere Veröffentlichungen* (z. B. „Schriftenreihen") herauszugeben, mit denen die betr. Industriegruppen oder ihre einzelnen Branchen einem breiteren Leserkreis bekanntgemacht werden sollen. In erster Linie geht es um die Produktion und deren Verwendung im Rahmen der Industrie und der sonstigen Wirtschaft. Die textlichen Ausführungen werden durch Zahlentabellen, Grafiken und Fotos anschaulich gemacht. Der Verteilerkreis ist denkbar weit gefaßt: andere Wirtschaftszweige, Presse und sonstige Träger der Öffentlichkeitsinformation, Behörden und Organisationen; nicht zuletzt das Ausland. Diese Schriften gehen allen Interessenten zu, die bei den Verbänden oder deren Mitgliedsfirmen um allgemeine Informationen anfragen.

b) Die meisten Verbände verfügen über eine *Verbandszeitschrift,* die in der Regel monatlich erscheint und gewöhnlich als „Nachrichten" oder „Mitteilungen" des Verbandes bezeichnet wird. Diese Veröffentlichungen sind in erster Linie für die Mitgliedsfirmen bestimmt, gehen aber auch an zahlreiche andere interessierte Stellen. Die Hefte werden unentgeltlich verteilt; jedoch behalten sich die Verbände vor, wen sie damit beliefern wollen. Inhaltlich erstrecken sich diese Informationen über alle Arbeitsgebiete des Verbandes. Größtenteils sind sie aus fremden Quellen übernommen, zum anderen Teil sind sie eigene, manchmal recht umfangreiche Ausarbeitungen der Geschäftsführung; so z. B. über gesamtwirtschaftliche Vorgänge von besonderer Bedeutung für den Wirtschaftszweig oder Berichte über die Entwicklung des Wirtschaftszweiges in anderen Industrieländern. — Das umfangreiche *statistische Material* wird von manchen Verbänden in der Verbandszeitschrift veröffentlicht, während andere Verbände selbständige Statistische Mitteilungen bringen, wegen der unterschiedlichen Verteilerkreise auf getrennten Bogen.

c) Nicht zuletzt liefern die Verbände Informationen über die jeweilige *Lage ihres Industriezweiges.* Dabei steht die Entwicklung der Nachfrage und der Produktion, der Ausfuhr und Einfuhr, der Beschäftigten und der Arbeitskosten, der Investitionen und der Finanzierung im Mittelpunkt. Diese Berichte dienen den Mitgliedern wie der Öffentlichkeit und der Wirtschaftspolitik. Der Verteilerkreis dieser Berichte überrascht durch die große Zahl und Vielfältigkeit der Empfänger. Zu ihnen gehören andere Industrieverbände im In- und Ausland, Arbeitgeberverbände und Kammern, Behörden und Ämter, Presse und Institute, Banken und große Unternehmen; nicht zuletzt die Mitgliedsfirmen, von denen große Unternehmen eine Vielzahl von Exemplaren für alle interessierten Abteilungen beziehen.

(16) Neben den allgemeinen Informationen erteilen die Industrieverbände auch *Auskünfte* auf spezielle Anfragen. Von großer Bedeutung sind sog. Liefernachweise für bestimmte Erzeugnisse mit Angabe der einschlägigen Herstellerfirmen. Von vielen Industrieverbänden werden entsprechende Kataloge regelmäßig oder aus besonderen Anlässen — wie Messen und Ausstellungen — herausgegeben, auch in mehrsprachigen Fassungen („Bezugsquellenverzeichnis").

(17) Besonders stark ist das Bedürfnis der Unternehmen nach Dokumentation über Neuerungen der *Technik* nebst Forschung und Entwicklung gestiegen. Einige Verbände haben hierfür Informationsspeicher eingerichtet; andere Verbände sind mit deren Aufbau beschäftigt. Eine einfachere Form bilden Merkblätter. In Verbindung mit Dokumentationen und Informationen über Forschungsergebnisse haben sich auch Koordinationsbedürfnisse für *Forschungsaufgaben* der Firmen ergeben. Auskünfte der Verbände über Forschungsarbeiten werden gern von Behörden eingeholt, besonders wenn öffentliche Mittel zur Förderung der Forschung bereitgestellt werden und der Verband hierbei als neutraler Berater dienen soll.

(18) Ein ständiges Problem ist, daß das Informationswesen eines Verbandes *übermäßig anzuschwellen* droht. An sich kann für jede Information ein Bedürfnis wenigstens einiger Mitgliedsfirmen angenommen werden. Dazu kommt die Verführung für die Geschäftsführung, mit umfangreichem Informationsmaterial sichtbar darzutun, was alles sie für die Mitglieder leistet und mit wievielen Dingen sie sich beschäftigt. Die Mitglieder verfolgen indessen den ständig wach-

senden Umfang der Informationen eher mit Unbehagen. Die *Kritik* richtet sich dagegen, daß

— viele Informationen sich nicht auf das beschränken, was zur eigentlichen Aufgabe des Verbandes gehört, nämlich auf fachliche Fragen,

— mit der Information an sich noch nichts getan sei, denn bloße Mitteilungen liefern auch Zeitschriften und Zeitungen, während ein Verband sich nicht auf Berichte beschränken dürfte, sondern sie auswerten und zum Anlaß für eigene Aktivitäten nehmen müßte,

— der größte Teil der Informationen die meisten Mitglieder nicht interessiere, weshalb die Geschäftsführung besser auswählen müßte, was wichtig sei,

— die Mitglieder zu große Mühe hätten, sich in der Fülle der Informationen zurechtzufinden.

An solche Kritik ist jede Geschäftsführung gewöhnt. In den meisten Fällen kann sie darauf verweisen, daß andere Firmen sich umgekehrt geäußert haben. Es allen recht zu machen, ist hier noch weniger als sonst möglich.

(19) Häufig wird beanstandet, daß die Mitglieder Informationen über denselben Vorgang *mehrfach* erhalten, manchmal sogar aus derselben primären Quelle: durch Zeitungen und Fachzeitschriften, durch Verbandsnachrichten oder Rundschreiben. Dieser Mißstand ist freilich schwer zu beseitigen. Die Verbände haben untereinander keine zentrale Aufgabenverteilung für die Informationstätigkeit. Es kommt daher darauf an, daß die Geschäftsführung ein gutes Gespür für die richtige Auswahl und Beschränkung ihres Informationswesens entwickelt. In der Aufmachung ihrer Informationen — auf PR-gerechte Weise — haben die Industrieverbände im Laufe des letzten Jahrzehnts beachtliche Fortschritte gemacht; sie haben erkannt, wie wichtig die Art der Darbietung ist.

(20) Informationen und Auskünfte sind nur *eine* Art der verbandsinternen Dienstleistungen. Andere haben die Form von Aussprachen und Beratungen auf schriftlichem, mündlichem oder telefonischem Wege. Sie spielen sich vor allem in den *Ausschüssen*, Arbeitskreisen und Kommissionen ab, wo gewöhnlich die Geschäftsführung vorträgt und die Vertreter der Mitgliedsfirmen ihre Auffassungen und Meinungen äußern. Manchmal genügt die Form der Aussprache, meist aber sollen bestimmte Arbeitsergebnisse erzielt werden. In der Regel fertigt die Geschäftsführung hierfür Entwürfe an, die schon vor den Sitzungen verteilt, dann gemeinsam beraten, entsprechend geändert

und schließlich verabschiedet werden. In einfacheren Fällen werden die betreffenden Vorgänge von der Geschäftsleitung mündlich vorgetragen, worauf dann die Firmenvertreter sich äußern können. Weniger bedeutende Vorgänge werden lediglich informativ mitgeteilt. Bei komplizierteren Vorgängen werden vielleicht ein bis drei Ausschußmitglieder beauftragt, die Geschäftsführung näher zu beraten. Die Niederschriften über die Ausschußsitzungen gehen im allgemeinen nur den Ausschußmitgliedern und den Vorsitzenden des betreffenden Fachverbandes sowie des Gesamtverbandes zu.

D. Sachliche Aufgaben

(21) Die *Materien,* mit denen sich die Verbandsarbeiten befassen, sind sehr vielfältig. Sie entziehen sich einer umfassenden und allgemeingültigen Darstellung. Um trotzdem eine nähere Vorstellung zu geben, ist im Anhang 7 eine Reihe typischer Arbeitsgebiete aufgeführt, die jedoch keinen Anspruch auf Vollständigkeit erheben.

(22) Über das *Gewicht* der einzelnen Aufgabengebiete innerhalb der internen Verbandsarbeiten läßt sich wenig Allgemeingültiges sagen. In einer Umfrage des Verfassers bei den bedeutenderen Industrieverbänden waren die folgenden Arbeitsgebiete aufgezählt:

— Wirtschaftspolitik und Gesetzgebung der BRD
— Supranationale Politik und Verbände
— Außenhandel und sonstige Außenwirtschaft
— Volkswirtschaft
— Marktforschung
— Wettbewerbspolitik
— Marktordnung
— Betriebswirtschaft
— Kostenverhältnisse
— Recht
— Steuern
— Rohstoffe und Beschaffungswesen
— Technische Arbeiten, insbesondere Normen und Vorschriftenwesen
— Informationen für die Mitglieder und Öffentlichkeitsarbeit
— Sonstige Tätigkeiten......

Die Verbände wurden gebeten, die Schwerpunkte ihrer Tätigkeit anzukreuzen und möglichst auch die Rangfolge anzugeben.

(23) Diese Aufzählung war schon insofern problematisch, als sie nicht die eigentlich *fachlichen*, internen Arbeiten ansprechen konnte, sondern überwiegend die nach außen gerichteten und sichtbaren Verbandstätigkeiten. Je kleiner und spezialisierter jedoch ein Verband ist, desto mehr beschränkt er sich auf rein fachliche Fragen. Nimmt man z. B. Verbände der Uhrenindustrie, des chemischen Apparatebaus, der Schweißtechnik oder der Konservenindustrie, so wird man wenig von den aufgeführten Tätigkeiten finden, dagegen um so mehr interne Zusammenarbeit.

Als zweite Schwierigkeit der Fragebeantwortung erwies es sich, daß einige Verbände erklärten, sie könnten keine Schwerpunkte angeben, weil diese je nach gegebenen Anlässen stark *wechselten*. Als *weitere* Arbeitsgebiete wurden mehrfach angeführt:

Nachwuchsförderung und Berufsausbildung

Verkehrsfragen

Liefernachweise.

(24) Von nahezu sämtlichen Verbänden wurden (zu Ziffer 22) die drei erstgenannten Aufgabengebiete — Wirtschaftspolitik der BRD, supranationale Politik, Außenhandel — hervorgehoben; wobei freilich die Bedeutung des Außenhandels, gemessen an den Aus- und Einfuhrquoten, differierte. Weiter wurden Informationen für die Mitglieder und Öffentlichkeitsarbeit betont. Wettbewerbspolitik und Steuern wurden ebenfalls von den meisten Verbänden gepflegt. Weniger und unterschiedlich wurden Marktforschung und -ordnung, Betriebswirtschaft und Recht, technische Arbeiten und Rohstoffe angeführt.

E. Fachliche und überfachliche Verbandsaufgaben

(25) Jeder Industrieverband soll in erster Linie die *spezifisch fachlichen Probleme* und Anliegen seines Wirtschaftszweiges behandeln; so etwa die Folgen durchgreifender technischer Neuerungen oder einer starken Konzentration oder der Tendenzen zur Verlagerung der Produktion ins Ausland. Indessen verquicken sich fachliche und überfachliche Probleme in untrennbarer Weise. Mindestens in den Ursachen und Wirkungen greifen sie ineinander. Die fachlichen Veränderungen können z. B. durch große Fortschritte der Anlagen-, Energie- oder Verkehrstechnik oder durch eine allgemeine internationale Integrationswelle hervorgerufen sein. Dann muß der Fachverband sich auch hiermit beschäftigen, wenngleich er die Behandlung dieser ursächlichen wie der fortwirkenden Erscheinungen im wesentlich den dafür primär zuständigen Verbänden überlassen wird.

E. Fachliche und überfachliche Verbandsaufgaben

Hierfür ein näheres fiktives *Beispiel:*

Die Papierindustrie bedarf — um gegenüber dem Ausland bestehen zu können — großer Investitionen und starker Konzentration. Die Wirtschaftspolitik möchte aber die Konzentration erschweren oder verhindern, dazu die Einfuhren verstärken, um die inländischen Preise niedrig zu halten. Der Verband der Papierindustrie wird dem entgegenhalten, welche ungünstigen Folgen diese Politik für die inländische Papierindustrie hat und wie sich diese wenigstens abschwächen ließen. Die Behandlung der allgemeinen Konzentrations- und Einfuhrpolitik wird der Fachverband jedoch primär vom BDI als überfachlicher Organisation erwarten.

(26) Trotz der Beschränkung der Mitglieder auf einen Fachbereich soll ein Fachverband auch die *überfachlichen* wirtschaftlichen Anliegen seiner Mitglieder vertreten. Das gilt selbst für ausgesprochen gesamtwirtschaftliche Vorgänge und Probleme, wie z. B. das wirtschaftliche Wachstum, die Preisstabilität und die Sicherung der Arbeitsplätze. Die Fachverbände haben hierbei allerdings vorwiegend die Aufgabe, die *spezifische Bedeutung* dieser Vorgänge und Zusammenhänge für ihren Fachbereich zur Geltung zu bringen; aber sie müssen sich dabei auch mit den überfachlichen Bedingungen und Problemen auseinandersetzen. Wenngleich sie deren Behandlung überwiegend auf Spitzenverbände verlagern werden, können sie sich einer *eigenen Stellungnahme* doch nicht entziehen. Die vertikale Arbeitsteilung muß also mit einer Zusammenarbeit verbunden sein. Diese kann bis zu den untersten fachlichen Gliederungen einerseits reichen und anderseits bis über den BDI hinausreichen.

(27) Bei der überfachlichen Behandlung müssen die vielfach divergierenden fachlichen Verhältnisse und Interessen auf eine *gemeinsame Linie* gebracht werden.

Beispiel:

Ausfuhrerschwerungen und Einfuhrerleichterungen haben für die einzelnen Fachbereiche allein schon dadurch verschiedenes Gewicht, daß der Anteil der Ausfuhren an der inländischen Produktion und der Anteil der Einfuhren an der inländischen Versorgung große Unterschiede aufweist; ebenso die graduelle Konkurrenzfähigkeit der ausländischen gegenüber der inländischen Produktion. Weiter sind Branchen mit starker Rohstoffeinfuhr an Einfuhrförderung interessiert, Branchen mit konkurrierenden Einfuhrerzeugnissen dagegen umgekehrt.

Diese verschiedenen Ausgangslagen lassen sich in der Weise *überbrücken,* daß

— der übergeordnete (allgemeine) Verband eine optimale grundsätzliche Lösung sucht, jedoch auf die Verschiedenheit der fachlichen Verhältnisse hinweist,
— daneben die Fachverbände ihre besonderen Verhältnisse und Meinungen zum Ausdruck bringen.

Freilich ähnelt diese Aufgabe der Quadratur des Kreises.

(28) *Zusammenfassend* läßt sich feststellen, daß

— eine klare Trennung und Abgrenzung zwischen fachlichen und überfachlichen Aufgaben und Zuständigkeiten nicht möglich ist,
— deshalb auch keine volle Arbeitsteilung zwischen fachlichen und überfachlichen Verbänden zu erreichen ist,
— vielmehr beide wechselseitig miteinander verbunden sind und entsprechend zusammenarbeiten müssen.

Die Lösung für dieses Problem läßt sich weniger grundsätzlich und prinzipiell, als *pragmatisch* finden.

VI. Spannungen und Konflikte

Unter diesem Titel soll eine Reihe von Problemen behandelt werden, die in der laufenden Verbandsarbeit eine große Rolle spielen. Sie ergeben sich aus dem System der Verbandsorganisation, lassen sich aber nur empirisch feststellen und bewältigen.

A. Einstellung der Mitgliedsfirmen zum Verband

(1) Die deutschen Industrieverbände basieren auf *freiwilliger Mitgliedschaft* und finanzieller Selbständigkeit. Den Gegensatz hierzu bildet das Prinzip der *Zwangsmitgliedschaft*. Näheres über diesen Gegensatz bringt der Anhang 6. Die Freiwilligkeit bedeutet und bewirkt, daß

— die Verbandsführung sich bei den in Frage kommenden Unternehmen um *Beitritt* zum Verband und Verbleiben im Verband bemühen muß,

— die *Leistungen* des Verbandes den Unternehmen hinreichend wertvoll erscheinen müssen, um sie zu aktiver Mitarbeit im Verband und zu seiner Finanzierung durch Beitragszahlung zu veranlassen,

— die Verbandsmitglieder ein angemessenes *Mitspracherecht* in der Verbandsführung beanspruchen.

(2) In der *Bewertung ihrer Mitgliedschaft* werden die Firmen die damit verbundenen Belastungen den Vorteilen gegenüberstellen, wobei letztere größer als erstere sein müssen. Zu den *Belastungen* gehören im wesentlichen

— die *Beitragszahlung*, zu der manchmal noch Umlagen für besondere Zwecke treten,

— die *Mitwirkung* in der Verbandsarbeit, durch die qualifizierte Kräfte ihrer Arbeit in den Firmen entzogen werden,

— die Erteilung von *Auskünften* und die Beteiligung an Umfragen und Erhebungen des Verbandes, für die entsprechendes Material bereitgestellt werden muß.

(3) Weit schwieriger als die Belastungen lassen sich die *Vorteile* aus der Mitgliedschaft feststellen und bewerten; nicht zuletzt deshalb, weil sie je nach den Leistungen des Verbandes und nach der subjek-

tiven Einschätzung durch die Mitglieder sehr verschieden sein können. Generell läßt sich etwa folgendes sagen:

— Die meisten Firmen sehen die Mitgliedschaft im zuständigen Industrieverband als eine gute *Visitenkarte* an. Die Öffentlichkeit darf annehmen, daß ein Verband nur solche Firmen aufnimmt, die in ihrer Produktion und Leistung wie in ihrem geschäftlichen Verhalten dem allgemeinen Branchenstandard entsprechen. Diese Gewähr kann sich im Umgang mit Behörden, Lieferanten und Kunden, Banken und anderen Stellen als nützlich erweisen. Neue und wenig bekannte Firmen geben den Verband auch als geschäftliche Referenz an.

— Der Verband bietet seinen Mitgliedern *Dienstleistungen,* die sie in so einschlägiger Weise gewöhnlich von keiner anderen Seite beziehen können.

— Die Mitglieder kommen auf der Verbandsebene miteinander in *Kontakt.* Die Bedeutung solcher Kontaktaufnahme und -pflege kann vom bloßen persönlichen Kennenlernen über Erfahrungs- und Meinungsaustausch bis zu abgestimmtem Verhalten gehen. Allerdings gehört dazu, daß alle bedeutenden Firmen dem Verband angehören und daß die Organisation des Verbandes mit Beiräten, Ausschüssen, Mitgliederversammlungen, Informationstagungen u. a. m. eine geeignete Plattform für solche Kontakte bietet.

— Häufig bietet der Verband den Firmen Gelegenheit, mit anderen Firmen als *Lieferanten* oder *Abnehmer* in Verbindung zu treten. Vielfach handelt es sich um Firmen des gleichen Verbandes. Allerdings verlangt die Verbandssatzung in der Regel, daß die betreffenden (liefernden oder abnehmenden) Firmen wenigstens eine kleine eigene Produktion in dem betreffenden Industriezweig aufweisen.

— Nach *außen* hin dient der Verband als Sprachrohr für die Interessen des Industriezweiges, weil die einzelnen Firmen hierzu nicht genügend imstande sind. Der Verband sorgt auch für die nötige Abstimmung und einheitliche Meinungsbildung unter den Firmen. Der Wert und Nutzen dieser Öffentlichkeitsarbeit der Verbände wird allerdings von den Mitgliedern verschieden beurteilt; bei nicht wenigen Firmen überwiegt eine skeptische Grundeinstellung.

(4) In der generellen *Haltung zum Verband* kann man zwischen freundlichen, ablehnenden und neutralen Mitgliedsfirmen unterscheiden.

a) *Verbandsfreundlichkeit* ergibt sich aus der grundsätzlichen Bereitschaft, mit gleichartigen anderen Firmen in Verbindung zu treten, ihre Verhältnisse und Meinungen zu erfahren und sich vielleicht untereinander abzugleichen. Gefördert wird diese Einstellung durch Gemeinschaftsgeist. Die Solidarisierung im Verband wird von diesen Mitgliedern als echtes Anliegen und sogar als Pflicht aller Beteiligten empfunden.

b) *Ablehnend* bis verbandsfeindlich sind vielfach gerade solche Einzelunternehmer, die persönlich als ausgesprochen tüchtig gelten können. Sie halten sich gern für stärker als die anderen und möchten sich von ihnen auch äußerlich distanzieren. Gemeinschaftsgeist und Gemeinschaftsinteressen sind für sie keine überzeugenden Kategorien; für sie sind die anderen Firmen im wesentlichen Konkurrenten. Ein anderes Motiv für Verbandsablehnung liegt in Abneigung gegen jede Organisation, weil diese unfruchtbar sei und unvermeidlich bürokratische Erscheinungen zeitige.

c) Ein sehr großer Teil der Mitglieder kann insofern als *verbandsneutral* (= gleichgültig) bezeichnet werden, als sie wohl einen gewissen Wert darin sehen, zum Verband zu gehören, aber es nicht für nötig oder angebracht halten, sich innerhalb des Verbandes *aktiv* zu betätigen. Es genügt ihnen, daß die Mitgliedschaft sie über alles Wichtige im Bilde hält. Sie schätzen wohl auch die Möglichkeit, sich mit speziellen Anliegen an den Verband zu wenden (z. B. wenn sie unter bestimmten Dumpingeinfuhren leiden oder wenn sie von einem fachlichen Steuerproblem bedrängt werden). Im allgemeinen möchten sie jedoch ihre qualifizierten Kräfte lieber für ihr Unternehmen als in Gremien des Verbandes tätig werden lassen.

(5) Die *persönliche* Einstellung der maßgebenden Herren (Firmeninhaber oder Manager) zu den Verbänden zeigt ebenfalls ein breites Spektrum. Etwa folgende Typen lassen sich unterscheiden:

a) Die meisten Unternehmensleiter sind an der Verbandstätigkeit normalerweise nur *wenig oder beschränkt interessiert*. Auf das umfangreiche Informationsmaterial, auf Einladungen zu Tagungen, Aufforderungen zur Mitarbeit in Ausschüssen u. a. m., pflegen sie kaum zu reagieren. Etwas größer ist ihre Bereitschaft zur Beteiligung an Umfragen aus besonderen Anlässen oder für laufende verbandsinterne Erhebungen, weil sie an den Ergebnissen ihre eigene Position und Auffassung mit der Gesamtheit der Firmen vergleichen und überprüfen können. Sonst aber bieten sie nicht das Maß an Unterstützung und Mitarbeit, das die Geschäftsführung für eine erfolgreiche Arbeit benötigt.

b) Die Vertreter der großen und größten Unternehmen haben in ihrer Einstellung zu den Verbänden vielfach eine etwas *zwiespältige*

Haltung. Einerseits glauben sie, Dienstleistungen der Verbände wenig zu benötigen, weil das ihr eigener Verwaltungsapparat — wenn auch mit einigem Aufwand — selbst leisten kann. Sie sehen es vielleicht nicht einmal gern, daß die übrigen Mitgliedsfirmen durch entsprechende Verbandsarbeiten informiert und gefördert werden. Trotzdem sind die leitenden Herren von Großunternehmen meist bereit, führende Positionen in der Verbandsorganisation zu übernehmen; zumal die Geschäftsführung sich besonders darum bemüht, den Verband nach außen durch repäsentative und bekannte Großunternehmen vertreten zu lassen. Diese Bereitschaft kann sich aber mit einer relativ geringen Einschätzung des Nutzens der Verbandsarbeit verbinden. Mitunter spielt auch die Absicht mit, unerwünschte Aktivitäten des Verbandes zu dämpfen.

c) Einen weiteren Typ bilden die geschäftigen Firmenleiter, denen eine Betätigung außerhalb ihres eigenen Unternehmens geradezu ein *persönliches Bedürfnis* ist. Das Verbandsleben erscheint ihnen hierfür besonders geeignet, weil sie sich dort auf vertrautem Boden bewegen und sich mit der Übertragung von Ämtern durch die übrigen Firmen bestätigt und ausgezeichnet fühlen. Dabei braucht es nicht allein um persönlichen Ehrgeiz zu gehen; vielmehr kann eine gute Position innerhalb des Verbandes ihnen auch für ihr Unternehmen als nützlich erscheinen.

d) Die wertvollsten Firmenvertreter in der Verbandsorganisation stellen diejenigen Herren dar, die — frei von persönlichen Ambitionen — von der Notwendigkeit und dem Nutzen der Verbandsarbeit sachlich voll und echt *überzeugt* und deshalb zu aktiver Mitarbeit bereit sind. Vielfach sind das Kräfte aus den mittleren Führungsschichten (Techniker, Betriebswirte, Marketing- und Werbefachleute, Juristen, Volkswirte und Statistiker), welche die anregende und produktive Wirkung der Zusammenarbeit mit Kollegen selbst erfahren und schätzen gelernt haben. Aber auch in den Firmenleitungen finden sich nicht wenige Herren, die aus Überzeugung und Erfahrung sich für die Zusammenarbeit im Verband tatkräftig einsetzen. Aus ihrem Gemeinschaftssinn entwickeln sie das Bedürfnis nach fruchtbarer Mitwirkung und Zusammenarbeit auf der Ebene des Verbandes.

B. Verbandsstrukturen

Der Charakter und die Arbeitsweise eines Industrieverbandes wird wesentlich durch seine Größe und durch die Zusammensetzung seiner Mitglieder beeinflußt.

1. Große und kleine Verbände

(6) Da die meisten Firmen jedes Industriezweiges auch dem betreffenden Verband angehören, wird die Größe der Verbände im wesentlichen durch die *Größe ihrer Industriezweige* bestimmt. Hierfür ist grundsätzlich die Einteilung der amtlichen Statistik maßgebend. Diese führt zu sehr unterschiedlichen Größen der Industriegruppen und damit der betreffenden Verbände. Mit der Größe pflegen anderseits die fachlichen Unterschiede innerhalb der Gruppen und Verbände zuzunehmen, so daß entsprechend zahlreiche fachliche Gliederungen erforderlich werden.

Beispiele:

Die größten Industriegruppen und Verbände finden sich im Maschinenbau, in der Elektroindustrie und in der Chemischen Industrie. Mit der technischen und wirtschaftlichen Entwicklung haben sich indessen die zugehörigen Industriezweige so stark diversifiziert, daß die Gemeinsamkeiten zunehmend von den Besonderheiten übertroffen werden. So haben im Maschinenbau etwa die Turbinen oder Pumpen kaum noch etwas gemeinsam mit den Büromaschinen; in der Elektroindustrie berühren sich etwa die Transformatoren oder Großschaltanlagen für die Elektrizitätsverteilung kaum mit Fernsehgeräten oder elektronischen Bauelementen; in der Chemischen Industrie stehen Großproduktionen für Grundstoffe neben Lippenstiften und anderen Körperpflegemitteln oder Kohlepapier und Kerzen. Die Folge davon ist, daß diese drei großen Industrieverbände je über 30 Fachverbände mit weitgehender Selbständigkeit aufweisen.

(7) Die Industriegruppen und damit die Verbände werden umso *kleiner,* je näher sie der Versorgung des privaten *Lebenshaltungsbedarfs* stehen. Dieser ist so differenziert, daß auch die Industriezweige stark aufgegliedert sind. Damit können die betreffenden Verbände unter eine organisatorisch optimale Größe geraten. Anderseits wächst mit dem repräsentierten industriellen Volumen eines Verbandes sein Ansehen und Bekanntheitsgrad sogar progressiv. Das fördert die Tendenz zu umfassenden Verbänden. Kleinere Verbände suchen das durch Kooperation oder durch Zusammenfassung in Spitzenverbänden auszugleichen; so z. B. in der Kleineisenindustrie, Holzverarbeitenden Industrie und Ernährungsindustrie.

2. Verbände mit vielen oder wenigen Mitgliedern

(8) Mehr noch als von der Größe der Industriegruppen hängt die *Zahl der Mitglieder* von der fachlichen und unternehmerischen *Struktur* der

Industriegruppen, insbesondere den technischen Produktionsbedingungen, ab.

a) Wenn *große* betriebliche und/oder unternehmerische Einheiten erforderlich sind, weisen auch große Industriegruppen nur relativ *wenige* Unternehmen auf. Daraus ergibt sich eine oligopolitische Struktur der Verbände.

> *Beispiele:*
>
> Fahrzeug- und Schiffbau, Kohle- und Stahlindustrie, chemische und elektrotechnische Großunternehmen mit universalem Charakter.

b) Umgekehrt können auch *kleinere* Industriegruppen bei kleinen Betriebs- und Unternehmenseinheiten zu Verbänden mit *vielen* Mitgliedern führen.

> *Beispiele:*
>
> Kleineisenindustrie, die meisten Zweige der Nahrungs- und Genußmittelindustrie, viele Verbrauchsgüterindustrien und die Bauindustrie.

c) Einen dritten Verbandstyp bilden Industriezweige mit einer breit gestreuten *Mischung* von großen und kleinen Betrieben und Unternehmen. Dabei reicht die Bandbreite von Unternehmen mit 10 Beschäftigten bis zu Unternehmen mit über 100 000 Beschäftigten.

> *Beispiele:*
>
> Elektroindustrie und Maschinenbau; aber auch kleinere Industriegruppen, wie Feinmechanik und Optik oder Brauereien.

(9) Die unterschiedliche Zahl und Einheitlichkeit der Mitglieder ist für die Führung und Effizienz der Verbände von großer *Bedeutung*.

a) Je *zahlreicher* die Mitglieder eines Verbandes sind, desto schwerer fällt es der Geschäfts- und Verbandsführung zu allen Mitgliedern die nötige Verbindung zu halten und zwischen den Mitgliedern fruchtbare Kontakte herzustellen. Die Führungsfähigkeit wird auch dadurch erschwert, daß der Individualismus umso ausgeprägter zu sein pflegt, je kleiner die Unternehmen sind. Desgleichen ist die Ansprechbarkeit für Verbandsfragen in der Regel umso geringer entwickelt, je kleiner die Firmen sind. Bei solcher Verbandsstruktur bleibt die Verbandsbetätigung überwiegend der Initiative und eigenen Entscheidung der Geschäfts- und Verbandsführung überlassen. Da aber jeder Verband von der aktiven Mitwirkung seiner Mitglieder lebt, sind solche Verbände meist weniger lebenskräftig und aktiv als anders strukturierte Verbände.

b) Demgenüber bieten Verbände mit (überwiegend) großen und *wenigen* Mitgliedern wesentlich günstigere Voraussetzungen für eine intensive und erfolgreiche Verbandstätigkeit. Große Unternehmen besitzen in der Regel ein besseres Verständnis für die Aufgaben und Möglichkeiten, den Nutzen und die Erfolgschancen, die Arbeitsbedingungen und sonstigen Erfordernisse der Verbandsarbeit. Sie können auch eher mit geeigneten Vertretern in qualifizierter Weise im Verband mitarbeiten und die Geschäftsführung unterstützen. Wenn die Mitglieder einen relativ kleinen überschaubaren Kreis bilden, lassen sich auch die Auffassungen aller Beteiligten leichter berücksichtigen und untereinander abgleichen.

c) Der häufigste Verbandstyp besteht jedoch aus einer *Mischung* großer und kleiner Unternehmen. Diese Konstellation kann sich auf die Verbandstätigkeit in der Weise günstig und erfolgreich auswirken, daß die großen Unternehmen eine führende Rolle übernehmen und die kleinen sich um sie gruppieren. Indessen erkennen die kleinen Unternehmen den großen keineswegs ohne weiteres eine Führungsfunktion zu.

3. Probleme der Größenstrukturen

(10) Die verschiedenen Größenstrukturen der Verbände führen zu typischen *Friktionen*, welche die Effizienz der Verbände erheblich beeinträchtigen können.

a) Die *oligopolitische* Struktur, die für einen Verband mit wenigen großen Unternehmen kennzeichnend ist, erzeugt leicht ein ausgesprochenes Konkurrenz- und Rivalitätsgefühl. Die Produktion und Marktbedeutung, die Absatzpolitik und Investitionspolitik jedes Beteiligten läßt sich relativ gut erkennen und veranlaßt die übrigen Beteiligten zu entsprechenden Reaktionen. Diese ausgeprägte Konkurrenzsituation erschwert die im Verband nötige Zusammenarbeit. Selbst wenn die Mehrzahl der Unternehmen solidarisch denkt und zur Verständigung bereit ist, können einzelne bedeutende Unternehmen durch eine bewußt abweichende Politik die Verbandsarbeit erschweren und stören.

b) Unternehmen mit *überragender Größe* und Bedeutung stehen häufig der Verbandsarbeit mit starken Vorbehalten gegenüber. Auch wenn sie nicht der Devise huldigen: „Der Starke ist am mächtigsten allein", möchten sie mit der Verbandsarbeit ihren Konkurrenten nicht zuviel Einblick geben und sich nicht durch Verbandsbeschlüsse in ihrer Bewegungsfreiheit unerwünscht einschränken lassen.

Beispiel:
Die Mitglieder treffen eine Absprache, eine neue Messe nicht zu beschicken, um sich nicht zu zersplittern und um Kosten zu sparen; aber dann müssen sie erleben, daß einer von ihnen sich nicht daran gehalten hat und dadurch um so bessere Geschäfte gemacht hat.

c) Aber auch eine *Mischung* von großen und kleinen Unternehmen stellt die Verbandsführung, insbesondere die Hauptgeschäftsführer, immer wieder vor schwierige Probleme. Hinzu kommt, daß die großen Unternehmen meist die Form von Kapitalgesellschaften haben, während die kleinen als personale Unternehmen geführt werden.

— Im allgemeinen fühlen sich die *kleinen* Unternehmen in der Defensive, denn die technische und wirtschaftliche Entwicklung begünstigt die großen Unternehmer. Anderseits sind sich die Inhaber kleiner Unternehmen bewußt, daß sie in stärkerem Maße als die von Managern geführten großen Unternehmen das unternehmerische Prinzip verkörpern, indem sie durch persönlichen Kapitaleinsatz und persönliche Leitung ihr ganzes Unternehmen tragen.

Diesem Einsatz entsprechen häufig relativ hohe *Gewinne*. Daher können im Vorstand eines solchen Verbandes neben bekannten Vorstandsmitgliedern großer und größter Unternehmen kaum bekannte Inhaber mittlerer Unternehmen sitzen, deren Einkommen ein Mehrfaches von denen jener Vorstandsmitglieder beträgt.

Für die Verbandsführung können Vorstandsmitglieder großer Unternehmen wie auch Inhaber mittlerer und kleiner Unternehmen die erforderliche *Aktivität* und Zeit aufbringen. In manchen Vorständen sind einzelne Herren besonders damit betraut, Verbandstätigkeiten und Öffentlichkeitsarbeit zu übernehmen. Bei gutgehenden mittelgroßen Unternehmen, die über ein entsprechendes mittleres Management verfügen, kann auch der Inhaber relativ viel Zeit darauf verwenden, sich in Verbänden oder in sonstiger Weise nach außen zu betätigen.

— Die Zusammenarbeit im Verband wird dann besonders kritisch, wenn der *Wettbewerb* zwischen großen und kleinen Unternehmen sich so zuspitzt, daß letztere existenziell bedroht sind oder sich stark benachteiligt fühlen. Dann kann sogar der Vorwurf aufkommen, daß die Führung des Verbandes von den Großunternehmen in deren eigenem Interesse bestimmt werde, während der Verband gerade die Aufgabe habe, die kleinen Unternehmen zu schützen. Die Zusammenarbeit im Verband kann aber den Erfolg zeitigen, daß die großen Unternehmen im Konkurrenzkampf oder bei Aufkäufen gewisse Rücksichten nehmen. Die Härte des wirtschaftlichen Existenzkampfes hält diese Chance allerdings in relativ engen Grenzen, denn die Großunternehmen sind gewöhnlich der Meinung, daß der Verband keine Schutzvereinigung für kleine und schwache Unternehmen sein könne. Gleichwohl pflegen Appelle an die Großunternehmen nicht ohne Wirkung zu sein. Sie können sogar dazu führen, daß Produktionsprogramme untereinander abgestimmt und kleinere Unternehmen als Zulieferanten der großen gewonnen werden.

C. Verbandsorgane der Mitglieder

(11) Die Bedeutung und das Verhältnis der hauptsächlichen *Verbandsorgane zueinander*, wird weniger durch Satzungen, Geschäftsordnungen und Organisationspläne bestimmt als durch die tägliche Praxis. Obwohl auch hierin die Verhältnisse keineswegs einheitlich und übereinstimmend liegen, lassen sich doch gewisse typische Erscheinungen feststellen.

a) *Präsidium und Vorstand* sind zwar institutionell die maßgebenden Organe und auch die gesetzlichen Vertreter des Verbandes, aber ihre Mitglieder nehmen diese Aufgaben nur ehrenamtlich, neben ihrer Tätigkeit in ihren Unternehmen, wahr. Die laufenden Geschäfte werden dagegen von der Geschäftsführung behandelt und erledigt. Präsidium oder Vorstand pflegen nur etwa alle zwei Monate zu tagen. Schon das nötigt dazu, vieles der Geschäftsführung zu überlassen. In wichtigen eiligen Angelegenheiten werden sich die Geschäftsführer mit den Vorsitzenden abstimmen, weniger dringliche Angelegenheiten können auf der nächsten Sitzung des Vorstandes behandelt werden.

b) Die *Ausschüsse* sollen den Vorstand und die Geschäftsführung beraten. Das Zusammenwirken zwischen Ausschüssen und *Vorstand* bereitet aber in der Praxis manche Schwierigkeiten. Zumeist werden die Themen, welche die Ausschüsse beschäftigen, unmittelbar von der Geschäftsführung oder den Abteilungsleitern des Verbandes vor die Ausschüsse gebracht. Aufträge des Vorstandes an einzelne Ausschüsse sind relativ selten. Sie sind praktisch auch nur bei Problemen angängig, die mehrere Monate Zeit haben. Die Ausschüsse pflegen nämlich unregelmäßig und relativ selten zu tagen. Zwei Sitzungen im Jahresdurchschnitt sind für größere Ausschüsse schon eine gute Leistung. Daher arbeiten die Ausschüsse weitgehend selbständig. Damit mangelt es an Kontakt zwischen Vorstand und Ausschüssen. Als optimale Lösung hat sich die Praxis erwiesen, jeweils einem Präsidialmitglied den Vorsitz in einem Ausschuß zu übertragen.

Auch das Verhältnis der Ausschüsse zur *Geschäftsführung* kann leicht diffizil werden. Die Stellungnahmen der Ausschüsse sollen zwar durch gründliche Arbeitsunterlagen vorbereitet werden und die Ergebnisse sollen in die Ausarbeitungen der Geschäftsführung eingehen; aber zu eigenen Arbeitsergebnisse der Ausschüsse kommt es relativ selten, denn überwiegend beschränken sich die Ausschüsse auf die Prüfung und Modifizierung von Vorlagen der Geschäftsführung. Anderseits glauben die Ausschüsse als Organe der Mitglieder berufen und berechtigt zu sein, der Geschäftsführung Anweisungen zu geben. Dazu sind sie jedoch an sich nicht berechtigt. Es fällt also nicht immer leicht, eine gute und fruchtbare Atmosphäre zwischen Geschäftsführung und Ausschüssen zu schaffen. Insgesamt kann man von einem *Dreiecksverhältnis* der Organe sprechen. Solche Beziehungen gehen aber bekanntlich schwer auf.

(12) Erhebliche Schwierigkeiten bereitet häufig auch die *Gewinnung geeigneter Vertreter* aus dem Kreis der Mitgliedsfirmen, insbesondere für Präsidium und Vorstand sowie für den Vorsitz in den fachlichen, sachlichen und regionalen Gliederungen.

a) *Ideal* gesehen sollten sie etwa folgende Qualifikationen erfüllen:
— Sie sollten in ihren Unternehmen maßgebende Positionen innehaben (Vorstandsmitglieder, Geschäftsführer oder Inhaber).
— Ihre Firmen wie sie selbst sollten im Kreis der Mitglieder entsprechendes Gewicht und Ansehen besitzen.
— Persönlich sollten sie hinreichende Eignung und Neigung zur Verbandsarbeit besitzen. Dazu gehört ausgeprägtes Verständnis für die Gruppeninteressen und die gesamtwirtschaftlichen Zusammenhänge, ferner taktisches Geschick für die Durchführung ihrer Aufgaben.

b) Diese Anforderungen lassen sich in der *Praxis* nur unvollkommen erfüllen. Insbesondere zeigt sich:
— Ein tüchtiger und anerkannter Unternehmer braucht nicht auch über Eignung und Neigung zu führender Verbandsarbeit zu verfügen. Mitunter zeigen diese Herren auch zuviel Eigenwilligkeit und zu wenig Umgänglichkeit.
— Die leitenden Herren sind durch ihre Aufgaben im Unternehmen meist so sehr beansprucht und ausgefüllt, daß ihnen einfach die Zeit für eine Verbandstätigkeit fehlt. Geschäftsführer, die passende Termine für Vorstandssitzungen und ähnliche Zusammenkünfte arrangieren müssen, erfahren das immer wieder.
— Am günstigsten ist es, wenn solche Herren außer persönlichem Interesse dadurch die nötige Zeit aufbringen können, daß sie die Unternehmensleitung weitgehend schon auf ihre Nachfolger übertragen haben, oder daß sie (in Kapitalgesellschaften) bewußt für Verbandsaufgaben freigestellt werden.
— Anderseits sollen die Herren, welche sich in der Verbandsführung bewährt haben, ihre Ämter auch nicht übermäßig lange innehaben, denn dann werden sie manchmal übermächtig und leidet die Mitarbeit der anderen Mitglieder. Da eine Abwahl immer auf Schwierigkeiten stößt (aus persönlicher Rücksichtnahme), hilft man sich gern durch satzungsmäßige Beschränkung der Amtszeit. Freilich tritt damit das Nachfolgerproblem umso häufiger auf.

c) Bei der *Auswahl* geeigneter Herren haben die bisherigen Vorstandsmitglieder ein bedeutendes (mitunter auch belastendes) Gewicht.

Sie fühlen sich verantwortlich dafür, daß geeignete Nachfolger gefunden werden. Ihre Vorschläge entscheiden bereits über die Wahl. Deshalb müssen sie mit Umsicht und taktischem Geschick aufgestellt werden. Sie müssen ein gut gemischtes Paket darstellen, das von der Mitgliederversammlung reibungslos akzeptiert wird.

D. Geschäftsführer

Angesichts der Schlüsselstellung der Geschäftsführer für die Tätigkeit und Bedeutung der Industrieverbände, wie anderseits der verbreiteten Unsicherheit in ihrer Einschätzung durch Außenstehende sei einiges über ihre *persönlichen Qualifikationen* gesagt.

(13) Für Verbandsgeschäftsführer ist keine bestimmte *Vorbildung* vorgeschrieben. Daher finden sich unter den Verbandsgeschäftsführern Persönlichkeiten mit sehr verschiedener Ausbildung und beruflicher Laufbahn: Akademiker (der Doktor-Titel wird gern gesehen) und reine Praktiker, Personen aus der Verwaltung und unmittelbar aus wirtschaftlichen Unternehmen (z. B. Abteilungsleiter oder Prokuristen oder Söhne von Unternehmern), aus wissenschaftlichen Instituten und aus anderer Verbandstätigkeit. Gewöhnlich sind sie beruflich irgendwie mit dem Verband in nähere Berührung gekommen, wobei man aneinander Gefallen gefunden hat.

(14) Entsprechend den vielseitigen Verbandsaufgaben werden von den Geschäftsführern vielfältige *Kenntnisse* verlangt. Sie müssen genügend von der Wirtschaft und der Verwaltung, von der Politik und der Öffentlichkeitsarbeit verstehen. Natürlich müssen sie die wirtschaftlichen und technischen Verhältnisse der betreffenden Industriezweige und Unternehmen kennen. Sie müssen außerdem Rechts- und Steuerfragen, Rechnungswesen und Statistik, Volkswirtschaft und internationale Wirtschaftsbeziehungen, Finanz- und Marktprobleme hinreichend beherrschen.

(15) Als ausführende wie vorbereitende Organe für die Gremien des Verbandes müsen sie das Denken und die *Sprache der Unternehmer* verstehen. Dazu gehören die selbständigen mittleren und kleinen Unternehmen, wie die Leiter größerer Unternehmen und großer Konzerne. Ebenso wie die Vorsitzenden und die Leiter der Ausschüsse des Verbandes müssen die Geschäftsführer darauf bedacht sein, trotz der unterschiedlichen Verhältnisse und Einstellung zwischen den Beteiligten zu *vermitteln*, die Gemeinsamkeiten herauszustellen und damit eine konstruktive Zusammenarbeit zu erreichen. Hierzu bedarf ein Geschäftsführer ziemlicher Erfahrung.

(16) Die Stellung und Bedeutung der Geschäftsführer wird wesentlich auch von der *Größe und Struktur der Verbände* beeinflußt.

— Je *größer* ein Verband ist, desto selbständiger und besser ausgestattet pflegt die Geschäftsführung zu sein. Da die einzelnen Mitglieder das Verbandsgeschehen im wesentlichen nur für den eigenen Produktionssektor überschauen und beeinflussen können, beschränkt sich ihre Mitwirkung weitgehend auf die Fachabteilungen. Umso mehr Bedeutung und Verantwortung fällt der Geschäftsführung zu.

— Auch der Grad der *Einheitlichkeit* und Geschlossenheit der Mitglieder spielt eine Rolle. Ist sie nur gering entwickelt, so muß die Geschäftsführung weitgehend von sich aus initiativ werden. Das gleichzeitige Bemühen, das nötige Einvernehmen unter den Mitgliedern herzustellen, beeinträchtigt allerdings die eigentliche Verbandsarbeit.

(17) Hervorragende Bedeutung hat der „*Hauptgeschäftsführer*", der an der Spitze der Geschäftsführung des Verbandes steht. Die Geschäftsführung der Industrieverbände ist traditionell personal und hierarchisch, nicht kollegial organisiert. In großen Verbänden gibt es zwar neben dem HGF noch weitere Geschäftsführer, aber diese sind im wesentlichen Ressortleiter und damit dem HGF untergeordnet. Die Spitzenstellung des Hauptgeschäftsführers kommt dem Bedürfnis des Vorsitzenden, Präsidiums und Vorstandes des Verbandes entgegen, sich an *einen* Vertreter der Geschäftsführung zu halten, statt sich mit einem Kollegium von Geschäftsführern, Abteilungsleitern und sonstigen Angestellten des Verbandes zu befassen. Auch nach außen hin schafft die Vertretung durch einen HGF klare Verhältnisse. Wenn ein guter Präsident und ein tüchtiger HGF harmonisch zusammenarbeiten, so bildet das die beste Gewähr für eine schlagkräftige und erfolgreiche Verbandstätigkeit.

Das „monarchische" Prinzip hat natürlich auch Nachteile. Vor allem droht es zu einer ständigen *Überlastung* des HGF zu führen. Auf ihm ruht die ganze Last der Leitung des inneren Geschäftsbetriebes, der Leitung und Koordinierung aller Mitgliedergremien sowie der Repräsentanz des Verbandes nach außen und gegenüber den Mitgliedsfirmen. Eine Entlastung durch Delegierung von Aufgaben ist nur wenig möglich, weil er die Verantwortung behält und jeder sich an ihn persönlich zu halten sucht.

(18) Selbst der tüchtigste HGF bleibt jedoch als zuarbeitenden und ausführendes Organ dem Vorstand und dessen Präsidium oder Vorsitzenden *untergeordnet*. Für einen HGF von persönlichem Format und langjähriger Bewährung kann das unbefriedigend erscheinen, zumal er in der Beratung und Entscheidung des Präsidiums praktisch wie gleichberechtigt mitwirkt. Um diesem Verhältnis auch äußerlich zu entspre-

chen, hat sich in den führenden Verbänden im Laufe der 60er Jahre die Praxis verbreitet, dem HGF nach entsprechender Bewährung und Dienstzeit den Titel „*Geschäftsführendes Präsidialmitglied*" zu verleihen. Seine Aufgaben und seine Rechte werden dadurch freilich kaum verändert; er bleibt geschäftsführendes Organ und damit vom übrigen Präsidium als Aufsichts- und Beschlußorgan verschieden. Der Titel soll und kann lediglich eine persönliche Anerkennung bedeuten und das Ansehen nach außen haben.

E. Demokratische Verbandsführung

(19) In der Verbandsführung soll *möglichst volle Demokratie* herrschen, um den Mitgliedern zu gewährleisten, daß alle gleichberechtigt sind und verantwortlich mitwirken können. Eine unmittelbar demokratische Verbandsführung ist jedoch bei Industrieverbänden ebensowenig wie bei anderen großen Organisationen zu verwirklichen, denn die Mitglieder können nicht sämtlich und direkt das Verbandsgeschehen bestimmen. Die originäre Demokratie beschränkt sich auf die Rechte der *Mitgliederversammlung;* insbesondere, die Führungsorgane zu bestellen und mit dem Etat den finanziellen Rahmen für die Verbandstätigkeit festzulegen. Letzteres wird freilich schon dadurch sehr beschränkt, daß Einzelheiten des Etats zwischen Geschäftsführung und Vorstand oder einer Etatkommission ausgehandelt werden müssen.

(20) Selbst die *Mitgliederversammlungen* sind nicht voll demokratisch. Sonst müßten nämlich die Mitglieder verschieden hohe Stimmenzahlen erhalten, etwa nach der Höhe ihrer Beitragszahlung. Das ist jedoch in keinem Verband üblich. Allerdings werden in den Beratungen die Stellungnahmen der großen Mitglieder stärker beachtet. Anders als in der parlamentarischen Demokratie kommt es in Mitgliederversammlungen kaum jemals zu Kampfabstimmungen, meist nicht einmal zum Auszählen der Stimmen; noch weniger zu organisierten Gruppenbildungen (Fraktionen). Die Einheitlichkeit und Gemeinsamkeit der Interessen aller Mitglieder, welche die Grundlage der Verbandsorganisation bildet, verträgt keine solchen Aufspaltungen.

(21) Die Geschlossenheit und Gleichberechtigung der Mitglieder verbietet, daß innerhalb des Verbandes einzelne Mitglieder sich *Vorteile* auf Kosten der übrigen Mitglieder verschaffen.

Schmädel[5] hat diesem Problem eine umfangreiche Untersuchung gewidmet. Er spricht von „autokratischer" (statt demokratischer) Führung, wenn der Wille einer Minderheit den Interessenverband zum eigenen Vorteil einsetzen könne. Indessen wird bei Schmädel nicht recht klar, worin speziell

---

[5] *Dieter von Schmädel:* Führung im Interessenverband, Band 7 der Untersuchungen über Gruppen und Verbände, Berlin 1968.

in einem Industrieverband die abweichenden Interessen einer Minderheit bestehen könnten. In jedem größeren Verband mit breiter Aufgabenstellung gibt es Vorgänge, die nur eine beschränkte Anzahl von Firmen oder einzelne Firmen nur in spezieller Weise berühren. Dabei wird es häufig fragwürdig, wieweit sich ein Verband für einen solchen beschränkten Interessenkreis einsetzen soll. Wenn er es aber tut, so braucht darin keine Benachteiligung der anderen Mitglieder zu liegen.

Tatsächlich können die großen Mitgliedsfirmen in der Führung eines Verbandes ein *Übergewicht* gewinnen, das die Interessen der anderen Mitglieder bedrohen kann. Die großen Unternehmen dominieren besonders dadurch relativ leicht, daß sie für den Verband befähigte und aktive Vorstandsmitglieder und sonstige fachliche Experten bereitstellen können. Freilich berechtigt das nicht zur Unterdrückung oder auch nur Vernachläsigung der Interessen der übrigen Mitglieder. Aber es kann doch z. B. vorkommen, daß die großen Mitglieder erklären, ein anstehendes Thema, das sie selbst nicht berührt, solle der Verband nicht weiter behandeln; oder daß der Verband zu einem sie berührenden Problem (z. B. Konzentration) eine Haltung einnehmen soll, die den großen Unternehmen entgegenkommt.

(22) *Insgesamt* läßt sich sagen, daß für eine konsequente formale Demokratisierung nach parlamentarischem Muster in den Industrieverbänden kein Bedürfnis und auch keine organisatorischen Voraussetzungen (wie verschiedene Stimmzahlen oder fraktionsförmige Gruppenbildungen) bestehen. Die Mitglieder haben *keine so gegensätzlichen Interessen* wie in der Politik. Vielmehr genügt die herrschende Übereinstimmung und Verständigungsbereitschaft, um sowohl auf Kampfabstimmungen als auch auf besondere Einrichtungen zur Integration divergierender Interessen verzichten zu können.

F. Psychologische Erfordernisse

(23) Da die Industrieverbände keine gesetzlichen Kompetenzen besitzen, hängt der Erfolg ihres Wirkens allein von ihrer Überzeugungskraft ab. Das gilt gegenüber den Mitgliedern, auf deren Verständnis und Zustimmung die Verbandsführung angewiesen ist, wie auch nach außen, wo die Verbände keinen Anspruch auf Gehör und Mitbestimmung besitzen. Umso mehr muß die Verbandsführung ihr Verhalten und Vorgehen nach *psychologischer Zweckmäßigkeit* einrichten.

(24) Dabei ist die *psychologische Situation* der (ehrenamtlichen) Leiter eines Verbandes wesentlich verschieden von der seiner (hauptberuflichen) Geschäftsführer.

Der Begriff „Leiter" ist hier im weitesten Sinne zu verstehen. Er umfaßt alle maßgebenden Organe des Verbandes, die mit Repräsentanten von Firmen besetzt sind, wie Präsidium, Vorstand, Ausschüsse oder Delegierte.

a) Die *Leiter* fühlen sich in erster Linie als Repräsentanten und Interessenvertreter ihrer Firmen. Das gilt besonders bei Kapitalgesellschaften, während persönliche Firmeninhaber weniger gebunden sind und daher selbständiger handeln können. Anderseits sind die Leiter als Mitglieder von Organen des Verbandes den gemeinschaftlichen Interessen verpflichtet, denen der Verband dienen soll. Dieser Zwiespalt zwischen *Firmeninteresse* und *Verbandsinteresse* kann zu Konflikten führen, die von den Beteiligten selbst mit Verantwortungsbewußtsein gelöst werden müssen.

b) Ein weiteres psychologisches Moment ergibt sich aus der persönlichen *Auszeichnung*, welche für die Leiter in der Übertragung eines „Ehrenamtes" liegt. Das hieraus erwachsende Ansehen kann ihnen sowohl innerhalb ihrer eigenen Firma nützlich sein, als auch die Öffentlichkeit beeindrucken. Das darf aber nicht zum Selbstzweck werden, sondern muß den objektiven Aufgaben untergeordnet werden.

Bei Jubiläen, runden Geburtstagen, Todesfällen und ähnlichen persönlichen Anlässen von führenden Männern der Wirtschaft kommt der Aufzahlung und Hervorhebung der *Ämter*, die sie in Verbänden besitzen oder ausgeübt haben, erhebliche Bedeutung zu. Sie gilt als Zeichen für überbetrieblichen Weitblick und persönliche Einsatzbereitschaft; nicht zuletzt als Beweis des Ansehens, das sie in ihren Kreisen besitzen. Die Öffentlichkeit hält sich an solche äußeren Merkmale umso eher, als sie das eigentliche berufliche Wirken kaum beurteilen kann.

c) Die *Geschäftsführer* befinden sich in einer ganz anderen persönlichen Situation. Zur Wahrung ihrer Position im Verband müssen sie sich um eine möglichst geschlossene Zustimmung und Unterstützung der Mitglieder, vor allem der Organe des Verbandes, bemühen. Gleichzeitig haben sie die Angestellten des Verbandes und den ganzen „Apparat" zu führen. Sie müsen also *gute persönliche Kontakte* nach *zwei* Seiten pflegen. Gleiches gilt für Kontakte nach *außen*, wo sie die nötigen Verbindungen zu Politikern, Ministerien und Verwaltungen, zur Presse und anderen Vertretern der Öffentlichkeit anknüpfen und pflegen müssen. Sie müssen auch gute Beziehungen zu anderen *Verbänden* im In- und Ausland unterhalten. Ein Verbandsgeschäftsführer, der bei diesen vielseitigen Beziehungen keine glückliche Hand hat, kann nicht reüssieren, auch wenn er arbeitsmäßig tüchtig ist. Somit ist für die Tätigkeit der Geschäftsführer das psychologische Einfühlungsvermögen, verbunden mit der Kunst der Vermittlung und des Ausgleichs, noch wichtiger als für die Leiter der Verbände; es hat für sie geradezu existenzielle Bedeutung.

(25) Für die Geschäftsführung gilt das Gebot, *weder zu wenig noch zu viel Aktivität* zu entfalten.

a) Entsprechend den vielfältigen Aufgaben, mit denen sich die Verbände beschäftigen können und sollen, erwarten die Mitglieder von der

Geschäftsführung und Verbandsführung eine rege und erfolgreiche Tätigkeit. Der Verband stellt an die Mitglieder nicht unerhebliche finanzielle Anforderungen; dafür soll er auch etwas *leisten*. Vor allem erwarten die Mitglieder, daß ihr Industriezweig in der Öffentlichkeit so bekannt und anerkannt wird, wie es seiner Bedeutung (nach Meinung der Mitglieder) entspricht. Wenn Berichte oder Veranstaltungen anderer Industrieverbände in der Presse und sonstigen Öffentlichkeit gute Resonanz finden, so wünschen sie, daß ihr Verband sich ebenso zur Geltung bringt.

b) Schwieriger zu erklären ist die umgekehrte Einstellung vieler, vor allem großer Mitgliedsfirmen, die von ihrem Verband *keine übermäßige Aktivität* sehen möchten. Das ist einleuchtend, wenn es darum geht, daß der Verband sich nicht übernimmt, insbesondere Aufgaben anfaßt, für die er nicht zuständig oder arbeitsmäßig nicht eingerichtet ist, so daß er keinen Erfolg haben kann (fiktive Beispiele: Kreditvermittlung oder verbandsseitige Kostenkalkulationen). Der Verband soll sich auch nicht mit Problemen beschäftigen, die über den fachlichen Bereich deutlich hinausgehen oder an denen höchstens ein geringes fachliches Interesse besteht (fiktive Beispiele: Kreditkonditionen der Banken oder Verständigung mit dem Handel). Ebenso ist es einleuchtend, daß die Mitglieder dort keine besonderen Aktivitäten erwarten, wo andere Verbände über weitergehende Erfahrungen verfügen (Beispiel: Verkehrs-, Außenhandels- und Ausbildungsfragen, wo im überfachlichen Bereich die IHK besonders aktiv und erfahren sind).

Es gibt auch andere Firmenmotive für den Wunsch nach Zurückhaltung, die nicht gern ausgesprochen werden, aber hier schon berührt wurden: Viele Firmen möchten dem Verband oder wenigstens den anderen Mitgliedern nicht zu weitgehende Einblicke gewähren (z. B. wenn der Verband eingehende Erhebungen über die Forschungs- oder Werbeaufwendungen durchführen will). Sie möchten sich auch nicht durch Appelle an ihre Solidarität oder gar durch Beschlüsse binden lassen, wenn es um wichtige Fragen der Absatzpolitik geht (z. B. Einstellung zur Preisbindung oder Rabattgestaltung). Weiter möchten nicht wenige Firmen scharfe Attacken gegen die Wirtschaftspolitik vermeiden, soweit sie auf das Wohlwollen der Ministerien angewiesen sind und Verständigung vorziehen (z. B. bei Kontigentierung gefährlicher Einfuhren).

Bei alledem müssen die Geschäftsführungen das nötige *Augenmaß und Gespür* entwickeln. Eine Geschäftsführung, welche hierfür zu wenig Sinn hat und glaubt, sie müsse überall eine maximale Betriebsamkeit entwickeln und sie werde nach ihrem Arbeitsquantum bewertet, wird nicht die erwartete positive Resonanz finden, sondern auf Kritik stoßen.

F. Psychologische Erfordernisse

(26) Ausgeprägtes psychologisches Geschick muß die Verbandsleitung vor allem bei ihrer *nach außen* gerichteten Tätigkeit entwickeln.

a) Die Industrieverbände vertreten in der Öffentlichkeit und Politik eine wirtschaftlich und gesellschaftlich sehr *bedeutende Gruppe*. Die industrielle Leistungsfähigkeit wird heute in aller Welt immer mehr zum Maßstab für die Bedeutung eines Landes. Der Grad der Industrialisierung bestimmt weitgehend den allgemeinen Lebensstandard. Hieran gemessen ist jedoch der politische Einfluß der Industrieverbände in der BRD außerordentlich gering. Die Erklärung hierfür liegt darin, daß in einer Demokratie heutigen Stils das Gewicht der Organisationen von den Politikern fast allein nach der Zahl der *Wählerstimmen* gemessen wird, die von ihnen erwartet werden können. Bei den Industrieverbänden sind das sehr wenige. Unmittelbar gehören zur Industrie nur die Inhaber industrieller Unternehmen. Das sind verschwindend wenige, verglichen mit der großen Masse der Arbeitnehmer, Rentenempfänger und sonstigen Bezieher von Masseneinkommen. Die kritische bis feindliche Einstellung gegenüber den industriellen Unternehmern, welche heute die öffentliche Meinung weithin beherrscht, wird viele Politiker sogar veranlassen, sich von den Industrieverbänden als Interessenvertretern offen zu distanzieren; obwohl die Industrieverbände nicht für die Inhaber industrieller Unternehmen als Personengruppe sorgen wollen, sondern in erster Linie und ganz allgemein für das Gedeihen der Unternehmen und damit auch für das Interesse der Allgemeinheit eintreten. Das müssen die Verbände allerdings auch deutlich machen.

b) Da die Industrieverbände ohne unmittelbaren politischen Einfluß sind, hängt es weitgehend von ihrem *psychologischen Geschick* ab, ob und wie sie sich Gehör und Resonanz verschaffen. Ihre Überzeugungskraft muß im wesentlichen darin liegen, daß sie den „organisierten Sachverstand" der Betroffenen präsentieren.

Die Ministerien und Verwaltungen haben an sich ein Bedürfnis nach sachverständiger Beratung, fürchten aber andererseits, von diesem Sachverstand und den dabei vertretenen Interessen zu sehr abhängig zu werden. Daraus ergibt sich eine Neigung zur *Umgehung der Verbände*. Daß diese keinen Anspruch auf Anhörung haben, ist eine für sie unbefriedigende Situation. Verstärkt zeigt sich das bei den supranationalen Organisationen, die sich lieber an die beteiligten Regierungen als an die Verbände halten. Die Verbände müssen umso mehr nach Wegen suchen, auf denen sie sich zur Geltung bringen und überzeugen können.

c) Auch bei ihren *Mitgliedern* muß die Verbandsführung mit gewissen Abneigungen oder wenigstens Vorbehalten rechnen, wenn sie wirtschaftspolitisch aktiv werden will. An sich wird das Bedürfnis, ja die Notwendigkeit zu wirtschaftspolitischem Einsatz der Industrieverbände im Sinne der Unternehmerinteressen von den allermeisten Unternehmern bejaht; vor allem bei Angelegenheiten, von denen der betreffende

Industriezweig besonders berührt wird, z. B. Handelsverträgen und Zollverhandlungen. Die Erfahrung zeigt jedoch, daß der Prozeß der Meinungsbildung innerhalb eines Industrieverbandes, und noch mehr eine profilierte Vertretung dieser Meinung nach außen, auf erhebliche Schwierigkeiten stößt. Wirtschaftspolitische und volkswirtschaftliche Diskussionen auf der Ebene der führenden Herren eines Verbandes zeigen vielfach kein sehr produktives und die Geschäftsführung ermutigendes Ergebnis. Es ist verständlich, daß die Unternehmer im wesentlichen aus ihrer Sicht urteilen. Eine komplexe und objektiv abgewogene Beurteilung aus volkswirtschaftlicher Sicht kann von ihnen nur begrenzt erwartet werden. Diese Arbeit fällt daher im wesentlichen geeigneten *Fachleuten* in der Geschäftsführung zu. Damit ist aber nicht gesagt, daß sie auch selbständig nach außen auftreten darf. Die Geschäftsführung wird jedenfalls gut tun, sich durch Einrichtung und Einschaltung von wirtschaftspolitischen und volkswirtschaftlichen Gesprächskreisen oder Ausschüssen die nötige verbandsinterne Resonanz und Zustimmung zu sichern. In ihnen kann sich ein Prozeß der Information und Meinungsbildung vollziehen, der für die Geschäftsführung wie für die Mitglieder und den Vorstand gleichermaßen nützlich ist. Aber auch nach einer solchen Ausreifung wird die Verbandsspitze sich die Entscheidung über Stellungnahmen nach außen vorbehalten, wobei sie wichtige *taktische* Überlegungen mitsprechen läßt. Das mögen solche Kritiker bedenken, die den Industrieverbänden vorwerfen, sie ließen zu wenig von sich hören.

VII. Kritik und Reformmöglichkeiten

A. Überblick

(1) *Kritik* an den Industrieverbänden fällt nicht eben schwer; sie ist denn auch häufig und verbreitet. Allein schon die im Kapitel VI gekennzeichneten Probleme können — bei negativer Einstellung — reichen Stoff zur Kritik geben. Erst recht werden die Verbände von denen kritisiert, die wirtschaftlich oder politisch in einem anderen Lager stehen. Auch die Presse und andere Informationsträger sehen — ebenso wie der überwiegende Teil der öffentlichen Meinung — die Industrieverbände mit reichlich kritischem Abstand.

(2) Mit einseitiger und tendenziöser Kritik ist jedoch nichts anzufangen. Reformen setzen eine konstruktive und sachlich qualifizierte Kritik voraus. Sie kann schwerlich von Außenstehenden kommen, sondern muß vorwiegend den *Beteiligten* überlassen werden. Hierzu gehören in erster Linie die Mitgliedsfirmen und die (ehrenamtlichen oder hauptberuflichen) Verbandsfunktionäre. Ihre Kritik erwächst aus dem laufenden Umgang mit den Verbänden, aus den Mängeln, auf die sie hierbei stoßen. Da sie selbst an einer guten Organisation und an optimaler Leistungsfähigkeit der Verbände interessiert sind, können von ihnen auch überzeugende und realisierbare Reformvorschläge erwartet werden.

(3) Die Kritik *beanstandet* von je her:

— Es gibt zu viele Verbände.
— Die Verbände differieren in ihrer Größe zu stark.
— Sie sind nicht einheitlich geordnet, weder in der Abgrenzung gegeneinander, noch in ihrer Arbeitsweise.
— In den sachlichen Aufgaben stimmen sich die Verbände nicht genügend untereinander ab.

Alle diese Mängel lassen sich nicht leugnen. Sie haben im wesentlichen eine gemeinsame Wurzel: die unbeschränkte *Organisationsfreiheit*. Ließe sich eine einheitliche Ordnung sozusagen auf dem Reißbrett entwerfen und obligatorisch durchsetzen, so wäre in der Organisation manches leicht zu verbessern. Bleibt man dagegen bei der Organisationsfreiheit, so hängt alles von der Verständigungsbereitschaft der Verbände mit dem Ziel einer Abstimmung untereinander ab.

VII. Kritik und Reformmöglichkeiten

Zur Organisationsfreiheit gehören sozusagen als Flügelprobleme die Zwangsmitgliedschaft und der Aufnahmezwang. Hierzu sei auf Anhang 8 verwiesen.

B. Vielzahl der Verbände

(4) Die Kritik an der großen Zahl der Industrieverbände legt eine *Zusammenfassung* in größere Verbände nahe. Da die Organisationstiefe jedoch von den fachlichen Besonderheiten abhängt, würde eine Zusammenfassung insoweit nur ein Scheinerfolg sein, als diese größeren Verbände in sich entsprechend stark aufgegliedert werden müßten. Wohl aber empfehlen sich größere Verbände für *überfachliche* Anliegen und für die Vertretung *nach außen*. Sie könnten hier eine mittlere Stufe zwischen den einzelnen Fachverbänden und dem BDI als Spitzenverband für die gesamte Industrie bilden. Hierfür spricht auch, daß die großen Gruppen der Grundstoffindustrien, Investitionsgüterindustrien, Ge- und Verbrauchsgüterindustrien sowie Nahrungs- und Genußmittelindustrien aus ihrer abweichenden Lage verschiedene wirtschaftliche Einstellungen und Interessen haben.

(5) Bei den *regionalen Gliederungen* könnte ebenfalls einiges zusammengefaßt oder eingespart werden. Man sollte jedoch die Bedeutung der Landesverbände nicht überschätzen (s. Anhang 4, Ziff. 3). Mit der anhaltenden Zentralisierung der Wirtschaftspolitik und der Verbandsarbeiten haben sie den größten Teil ihrer früheren Stellung und Aufgaben verloren. Viele Industrieverbände haben sie schon aufgehoben, bei anderen existieren sie weitgehend nur noch auf dem Papier. Da aber manche Firmen und einige Fachbereiche überwiegend regional orientiert sind und auch die Wirtschaftsministerien der Länder sich gern an Landesverbände halten, sollte man sie nicht ganz beseitigen.

Nach dem Organisationsverzeichnis des BDI („Anhang 4") verfügen 15 Verbände über keine Landesverbände, während diese in anderen Gruppen sehr zahlreich sind (z. B. in der Holzindustrie, Bekleidungsindustrie, Brauindustrie, Bauindustrie). Anscheinend tendieren Verbände mit sehr zahlreichen, aber kleinen Mitgliedsfirmen zu regionaler Untergliederung. Die meisten Verbände weisen 10—11 Landesverbände auf, entsprechend der Einteilung und Abgrenzung nach Bundesländern. Dieses Schema berücksichtigt aber nicht, daß sowohl die Bundesländer sehr verschieden groß sind, als auch die Betriebe der Industriegruppen im Bundesgebiet keineswegs einheitlich streuen. Die Anknüpfung an die Ländergrenzen entspricht allenfalls der Anpassung an die Länderregierungen und sonstigen Landesbehörden.

C. Fachliche Gliederung

(6) Die Gliederung der bestehenden Industrieverbände (= Mitgliedsverbände des BDI gem. Anhang 4) entspricht fast ganz dem amtlichen

C. Fachliche Gliederung 69

Allgemeinen Warenverzeichnis für die *Industriestatistik* (s. IV). Das hat den Vorteil einer einheitlichen und anerkannten Erfassung. Außerdem liefert die Statistik laufend alle wichtigen Zahlen über Produktion und Umsatz, Beschäftigte u. a. m., an die sich die betreffenden Verbände halten können und an denen sich ihr Repräsentationsgrad feststellen läßt. Anderseits bringt die Bindung an die statistische Gliederung erhebliche *Mängel* mit sich: Die Gesichtspunkte für die Statistik entsprechen nicht ohne weiteres den Gesichtspunkten für die Einteilung und Aufgaben der Verbände. Die statistische Systematik ist auch nicht von einheitlichen *Kriterien* bestimmt, so daß sie zu vielen Zweifelsfragen und Widersprüchen führt. Sie pflegt überdies der technischen und wirtschaftlichen Entwicklung nicht genügend früh und ausreichend zu folgen.

Beispiele:

Elektrische Büromaschinen, insbesondere der Datenverarbeitung, können zu Fachverbänden des Maschinenbaus oder der Elektroindustrie gerechnet werden. Elektrische Herde werden zur Elektroindustrie, nicht zur EBM-Industrie gerechnet, aber elektrische Näh- und Mähmaschinen zum Maschinenbau.

Zulieferungen für die Kraftfahrzeugindustrie (Teile und Aggregate) können zu deren Verband wie zu den Herstellerbereichen (Stahlverformung, EBM-Industrie, Elektroindustrie, Kunststoffverarbeitung, Kautschukindustrie oder Textilindustrie) gehören.

Die Kunststoffverarbeitung kann ein eigener Verbandsbereich sein, aber auch den Verarbeitungszweigen (Maschinenbau, Elektroindustrie etc.) oder verwandten Industriegruppen zugerechnet werden.

(7) Die Gliederung der Statistik schreitet stufenförmig vom Allgemeinen zum Besonderen fort, beispielsweise nach folgendem fiktivem

Schema:

1. Bergbau
    1.1 Kohlebergbau
        1.1 Steinkohlebergbau
        1.2 Braunkohlebergbau
    1.2 Erzbergbau
        2.1 Eisenerzbergbau
        2.2 Sonstiger Erzbergbau
    1.3 Kali- und Salzbergbau
2. Maschinenbau
    2.1 Kraftmaschinen
        1.1 Dampfmaschinen und -turbinen
        1.2 Dieselmotoren

1.3 Gasmotoren und -turbinen
1.4 Lokomotiven

2.2 Büromaschinen

2.1 Schreibmaschinen
2.2 Rechenmaschinen
2.3 Computer
2.4 Sonstige Büromaschinen

3. Straßenfahrzeugbau

3.1 Personenkraftwagen
3.2 Nutzfahrzeuge
3.3 Kfz-Ausrüstung

(8) Diese Beispiele zeigen drei verschiedene *Zuordnungsmerkmale:* Im ersten Fall (Bergbau) ist die Produktions*technik*, im zweiten Fall (Maschinenbau) die technische *Funktionsweise* der Erzeugnisse, im dritten Fall (Fahrzeugbau) die *Verwendung* der Erzeugnisse maßgebend. Meist schreitet die Gliederung in dieser Weise von Stufe zu Stufe fort. Nicht selten stehen aber auf gleicher Stufe *verschiedene* Kriterien *nebeneinander* (z. B. Bergbau und Fahrzeugbau). Die Folge davon sind *Zuordnungskonflikte*, für die es allenfalls pragmatische Lösungen gibt.

Indessen sind die Verbände nicht *gezwungen*, sich der statistischen Nomenklatur, über die das Statistische Bundesamt entscheidet, anzuschließen. Differenzen ergeben sich vor allem für die Zuordnung *neuartiger Erzeugnisse und Techniken.*

Ein besonders kompliziertes und instruktives Beispiel hierfür bildet die Kernenergie, deren Zuordnungsprobleme im Anhang gekennzeichnet sind.

(9) Die Verbände pflegen sich *gegen die Ausgliederung* neuartiger Erzeugnisgruppen zu sträuben; sowohl gegen die Zuweisung an andere Erzeugnisgruppen als auch gegen die Erhebung zu selbstständigen Erzeugnisgruppen (wie bei der Ausgliederung der Automatischen Datenverarbeitung aus dem Maschinenbau und der Elektroindustrie). Wenn die angestammten Mitgliedsfirmen sich neuartigen Erzeugnissen zuwenden, so sollen sie deshalb nicht anderen Verbänden zufallen, sondern sollen die neuartigen Erzeugnisse in den bisherigen Verband einbezogen werden. Gewöhnlich befaßt sich dieser auch schon mit dem betreffenden Produktionsbereich, bis er zu voller Selbständigkeit herangewachsen ist. Wenn aber seine Bedeutung und sein Charakter genügend zu übersehen ist, muß über seine Zugehörigkeit entschieden werden. Mangels einer für die Verbände maßgebenden Instanz, müssen die revalisierenden Verbände sich hierüber verständigen. Das wird nicht zuletzt dadurch wesentlich erschwert, daß die beteiligten Firmen selbst keine ein-

C. Fachliche Gliederung

heitlichen Auffassungen und Neigungen für die verbandliche Zuordnung besitzen. So kommt es vielfach zu einer divergierenden Verbandszugehörigkeit. Natürlich ist das ein Mißstand, aber eine überzeugende einheitliche Lösung zu finden und freiwillig durchzusetzen, ist manchmal nahezu unmöglich.

(10) Eine weitere unliebsame Folge der Anknüpfung an die statistische Systematik ist — wie schon unter Ziffer 3 angeführt wurde —, daß die Verbandsbereiche außerordentlich *verschieden groß* sind. Die Grundstoffbereiche führen (meist) zu sehr umfassenden Verbänden, ebenso die Investitionsgüterbereiche. Je weiter jedoch die Produktion zu Enderzeugnissen, insbesondere Gebrauchsgütern und Verbrauchsgütern, fortschreitet, desto stärker differenzieren sie sich und desto kleiner werden die betreffenden Verbände; desto wichtiger werden aber auch die Absatzfragen (statt der technischen Produktionsfragen).

(11) Mit dem Unterschied zwischen *Produktions- und Absatzaufgaben* wird ein Problem berührt, das die Verbandsgliederung noch mehr kompliziert: Die verbandliche Einteilung nach der Produktion eignet sich vielfach nicht für die Behandlung der Absatzfragen. Letztere muß unterscheiden nach

— *Verwendung* der Erzeugnisse, etwa nach Grundstoffen, Vorerzeugnissen und Enderzeugnissen (in vertikaler Sicht); für die Enderzeugnisse wiederum etwa nach Investitionsgütern, Gebrauchsgütern und Verbrauchsgütern, mit anschließender weiterer Aufgliederung.

— *Abnehmerkreisen,* etwa nach Kundengruppen (Industriezweige, Verkehr, Öffentliche Hand, Privater Verbrauch); oder nach Absatzwegen, etwa nach Direktabnehmern, Handel, Ausfuhr.

Je nach Fachbereich ergeben sich auch anders differenzierte Einteilungen (z. B. für Mineralölerzeugnisse, Energiewirtschaft oder Bauwirtschaft).

(12) Die Folge hiervon kann sein, daß für bestimmte Absatzfragen die Verbände *zerlegt* wie auch mit anderen Verbänden *zusammengelegt* werden müssen.

Beispiele:
Im elektrotechnischen Bereich steht der Gebrauchsgütersektor (Haushaltsgeräte und Unterhaltungselektronik) unter ganz anderen Absatzbedingungen als die Investitionsgüter (z. B. für die Elektrizitätsversorgung) und Vorprodukte (z. B. Röhren und Halbleiter). Anderseits haben z. B. die elektrotechnischen Haushaltsgeräte ähnliche Absatzbedingungen wie die Wärme- und Wirtschaftsgeräte aus dem EBM-Bereich. Ebenso differenziert liegen die Absatzverhältnisse z. B. in der Chemie oder der Feinmechanik und Optik.

VII. Kritik und Reformmöglichkeiten

Die produktionsseitige Verbandseinteilung wird diesen Aufgaben jedenfalls nicht gerecht.

(13) Hinzu kommt, daß bei den *Unternehmen* die Produktion vom Absatz mehr oder minder differieren kann. Während die Produktionsbreite der Unternehmen durch Spezialisierung eingeschränkt wird, verbreitert sich die Absatzpalette durch Fremdbezüge. Diese Fremdbezüge können Aushilfslieferungen oder ständige Lieferungen aufgrund von Kooperationsverträgen sein; ferner Bezüge von ausländischen Produzenten zum inländischen Vertrieb (vor allem bei inländischen Tochtergesellschaften ausländischer Konzerne). Wenn die Verbandszugehörigkeit dem entsprechen soll, müssen die Verbände eine *mehrschichtige Mitgliedschaft* einführen (für die Produktion einerseits und den Absatz anderseits). Sie hat sich aber bisher noch nicht durchgesetzt; nach wie vor entscheidet allein die Produktion über die Mitgliedschaft. Die Verbände müßten jedoch nach Wegen und Formen suchen, um diesem Problem gerecht zu werden.

(14) Darüber hinaus hat die technische und wirtschaftliche Entwicklung *neue Produktions- und Absatzzusammenhänge* geschaffen, welche die bisherige Verbandsorganisation sprengen.

a) Die technische Entwicklung verstärkt den *vertikalen Verbund* der Produktion.

Beispiele:

Mineralölverarbeitung und Petrochemie, Grundstoffchemie und chemische Endprodukte, Stahlerzeugung und -verarbeitung.

Gleichartige Bedeutung hat die Tendenz zur *Kombinationstechnik,* d. h. der Verbindung von Elementen und Teilen zu Aggregaten und zusammengesetzten Erzeugnissen, bis zu vollständigen Anlagen (Betriebsanlagen, Fertigbauten, Verkehrs- und Nachrichteneinrichtungen). Die Verbände sind dagegen (nach wie vor) grundsätzlich *einstufig* organisiert; sie berücksichtigen nicht die vertikalen Zusammenhänge; manchmal betonen und pflegen sie sogar die Gegensätze, die sich zwischen Unternehmen der vorgelagerten Stufen als Lieferanten und Unternehmen der nachgelagerten Stufen als Abnehmer ergeben. Wenn aber der Verbund immer stärker und die Zahl der mehrstufigen Unternehmen immer größer wird, müssen auch die Verbände sich in vertikaler Richtung ausdehnen.

b) Während die Produktion zur Spezialisierung tendiert, entwickeln die Abnehmer eine entgegengesetzte Tendenz: Sie suchen nach optimalen, für ihre Bedürfnisse am besten geeigneten technischen Lösungen und erwarten vom Lieferanten, daß er alle infrage kommenden *Problemlösungen* gleichzeitig (zur Auswahl) anbieten und liefern kann.

Beispiele:

Verschiedene Rohstoffe oder Halbprodukte für bestimmte Verarbeitungszwecke, verschiedene Ausführungsweisen für bestimmte Bedarfszwecke, verschiedene Verfahrenstechniken für bestimmte Funktionen. So können für eine Verarbeitung etwa Metalle, Kunststoffe oder Glas infrage kommen; für bestimmte Zwecke der Bekleidung, der Beleuchtung, der Klimatisierung und Erwärmung, der Energieversorgung und -anwendung, der Beförderung oder Lagerung verschiedenartige Erzeugnisse und Konstruktionen; schließlich als Verfahren, insbesondere bei der industriellen Produktion, mechanische, elektrische oder elektronische, pneumatische oder hydraulische Techniken.

Die Unternehmen, die diese alternativen Lösungen gleichzeitig beherrschen müssen, greifen über *mehrere Produktionszweige* und damit Verbandsbereiche hinweg; so etwa Maschinenbau, Elektrotechnik, EBM-Verarbeitung, Kunststoffverarbeitung und Chemie. Da aber die Problemlösungen im Zusammenhang gesehen und behandelt werden müssen, passen die sektoral getrennten Verbände nicht mehr für diese Aufgaben. Auch hier bietet sich eine mehrstufige Verbandsorganisation an, nach der Technik und nach dem Einsatz (Absatz und Verwendung) der Erzeugnisse.

(15) Alles das drängt zu *Aufspaltungen* und *wechselnden Kombinationen* der Mitgliedschaft. Ein solches System läßt sich freilich nur einführen, wenn es grundsätzlich von allen Verbänden anerkannt und angewendet wird. Daran fehlt es bisher. Als vorbereitende Stufe läßt sich eine zwischenverbandliche Zusammenarbeit durch Kontaktausschüsse oder Arbeitskreise einführen. Für eine festere Organisation bietet sich z. B. die Einführung von Gastmitgliedschaften (für Verwendungszusammenhänge) neben Stamm-Mitgliedschaften (für die Produktion) an.

D. Sachliche Zuständigkeitordnung

(16) Außer der fachlichen Zuordnung und Abgrenzung der Industrieverbände wird vielfach kritisiert, daß sie sich in ihren sachlichen Aufgaben (Arbeitsgebieten) nicht genügend gegeneinander *abgrenzen* und keine ausreichende *Zusammenarbeit* untereinander finden. Diese Vorwürfe richten sich vor allem gegen die dreigeteilte Organisation der gewerblichen Wirtschaft, auf die im Anhang 9 eingegangen wird. Nachstehend geht es jedoch um die Abstimmung und Vereinheitlichung der überfachlichen Aufgaben zwischen den Industrieverbänden.

(17) Die *Organisationsfreiheit* der Verbände hat zur Folge, daß es keine Normen dafür gibt, womit sich die einzelnen Verbände beschäftigen. Welch vielfältiges und buntes Bild sich daraus ergibt, wurde im Abschnitt V, D, Verbandsaufgaben, gezeigt. Indessen könnte man erwarten, daß sich aus langjähriger Erfahrung und Bewährung eine weit-

gehende Einheitlichkeit und Übereinstimmung ergeben hätte. In gewissem Grade trifft das auch zu, aber der *Vereinheitlichung* sind doch relativ enge Grenzen gesetzt, weil es letztenendes dem Ermessen und der Initiative jedes Verbandes überlassen bleibt, womit er sich beschäftigt und wie er es behandelt. Für jeden Verband ist maßgebend, ob es ihm gelingt,

— mit seiner Aufgabensetzung und Arbeitsweise die Unternehmen zu überzeugen,

— mit positiven Ergebnissen aufzuwarten,

— in der Öffentlichkeit bekannt und anerkannt zu werden.

(18) Der gewiß unbefriedigenden Tatsache, daß mehrere Industrieverbände dasselbe Thema behandeln, wurde schon in Abschnitt V, E entgegengehalten, daß *fachliche und überfachliche* Aufgaben kaum zu trennen sind. Dafür würde auch eine normativ verpflichtende Ordnung der Zuständigkeiten keine ausreichende Lösung bringen können. Außerdem würde sie allen Bedenken begegnen, die gegen eine staatliche Ordnung des Verbandswesens bestehen.

E. Tendenzen zur Konzentration

(19) Vieles spricht für *verstärkte Konzentration* der Verbandsarbeit.

— Die große Zahl, Uneinheitlichkeit und Unübersichtlichkeit der Industrieverbände läßt eine Zusammenarbeit als zweckmäßig erscheinen. Für viele Verbandsaufgaben, insbesondere zur Vertretung nach außen, sind größere Verbandseinheiten nicht nur ausreichend, sondern auch wirksamer. Insoweit sollte auch dort, wo kleinere fachliche Einheiten nicht zu umgehen sind, auf eine Konzentration der Aufgaben zur Spitze hin gesehen werden. Das vermindert außerdem den Arbeitsaufwand und die Reibungen, die entstehen, wenn aus einer großen Zahl von Verbänden eine einheitliche Meinung gebildet werden soll, um sie nach außen zu vertreten.

— Je größer die Verbände sind, desto eher können sie sich nach außen durchsetzen.

— Die gestiegenen Anforderungen an die Sachkunde in der Verbandsarbeit verlangen entsprechend qualifizierte und teure Mitarbeiter. Solche können sich aber nur größere Verbände leisten oder werden in den unteren Stufen der Verbandsarbeit zu teuer.

(20) Das ständige starke *Wachstum der Wirtschaft* hat bisher auch kleinere Verbände lebensfähig erhalten und mit höherem Beitragsaufkommen ihren Ausbau ermöglicht. Es ist aber nicht gesagt, daß der Um-

fang der Verbandsarbeit in gleichem Maße wie das Volumen der Wirtschaft wächst und wachsen muß. Für die öffentliche Verwaltung gilt es zwar nahezu als selbstverständlich, daß ihre Kosten in gleichem Grade wie das Sozialprodukt (= produktive gesamtwirtschaftliche Leistung) zunimmt, gewöhnlich sogar noch stärker als diese. Indessen kann der Staat und die sonstige öffentliche Verwaltung sich das leisten, weil sie Steuern erheben, den politischen Einfluß erweitern wollen und die Produktivität der expandierenden Verwaltung nicht nachzuweisen brauchen. Im Bereich der Industrie liegen die Verhältnisse jedoch ganz anders. Hier gilt das Gebot, daß das wachsende Volumen der Wirtschaft nicht von einem gleichbleibenden Kostenanstieg begleitet sein darf, sondern durch Rationalisierung und Konzentration zu Produktivitätssteigerungen führen muß. Diese wird zwar in gewissem Grad durch die fortgesetzte Komplizierung und Differenzierung der wirtschaftlichen Vorgänge und ihrer Organisation verhindert oder beeinträchtigt, aber das hebt jenes Gebot nicht auf. Die gleiche Einstellung und entsprechende Erfolge erwarten die industriellen Unternehmen von der Geschäftsführung ihrer Verbände. Damit stehen auch diese unter dem Zwang zur Konzentration.

F. Zentrifugale Tendenzen

(21) Den Tendenzen zur Konzentration stehen (andere) zentrifugale Tendenzen entgegen. Nach vielfachen Eindrücken gewinnen die fachlichen Gliederungen der Industrieverbände zunehmende Bedeutung. Das hat vor allem drei Ursachen:

a) Im Laufe der Nachkriegsjahre haben Produktion, Umsatz und Beschäftigte so stark zugenommen, daß das *wirtschaftliche Volumen*, welches von den einzelnen Verbänden betreut wird, entsprechend gewachsen ist. Die Zahl der Industriegruppen und Verbände hat dagegen nicht zugenommen, so daß sie sich stark vergrößert haben. Dies veranlaßt dazu, die Verbände in sich stärker aufzugliedern, um den individuellen Bedürfnissen der Mitglieder besser entsprechen zu können.

b) Die Technik diversifiziert anhaltend in außerordentlichem Tempo. Mit dem technischen Fortschritt bilden sich immer neue *Produktionszweige* heraus, die durch neuartige Erzeugnisse oder neue Produktionsverfahren gekennzeichnet sind. Diese Tendenz zeigt sich vor allem bei den großen Wachstumsindustrien, also der Chemie, der Elektrotechnik, dem Maschinenbau und sonstigen Investitionsgüterindustrien; aber auch im Bereich vieler Grundstoff- und Verbrauchsgüterindustrien. Da die verbandliche Gliederung sich primär nach der Art der Erzeugnisse oder Produktionsverfahren richtet, führt diese technische Entwicklung zu immer weiterer organisatorischer Aufspaltung.

c) Ebenso wie die Erzeugnisse, diversifizieren die *Absatzbereiche* (Verwendungszwecke, Abnehmergruppen, Vertriebswege). Für die Industrieverbände erweist es sich vielfach als zweckmäßig und nötig, entsprechende organisatorische Gliederungen durchzuführen.

(22) Insgesamt tragen diese Tendenzen die Gefahr der *Zersplitterung* der Industrieverbände in sich. Die zentrifugalen Wirkungen können auch die Kompetenzen der Führungsspitzen der Verbände mindern. Die Untergliederungen (Fachverbände, Fachabteilungen oder Fachzweige) sehen in erster Linie ihre besonderen, von anderen Bereichen abweichenden Verhältnisse und Interessen. Mit ihrem Wachstum werden sie auch selbstbewußter und beanspruchen sie bei spezieller Branchenarbeit mehr Selbständigkeit.

(23) Unter den *Mitgliedsfirmen* ist die Einstellung zu solcher Aufgliederung allerdings verschieden. Spezialfirmen neigen zur Verselbstständigung, Universalfirmen suchen dagegen den Zusammenhalt und eine starke Führungsspitze zu wahren. Aber selbst den führenden Männern aus den großen Unternehmen und Konzernen kann es passieren, daß ihre Vertreter in den Untergliederungen des Verbandes zentrifugale organisatorische Tendenzen unterstützen. Die fachlichen Gliederungen können damit ein starkes Gegengewicht zur Führung des Verbandes bilden und diese schließlich von sich aus zunehmend bestimmen.

G. Reformaussichten

(24) Wie die freie Wirtschaft auf der Selbstordnung durch die Beteiligten beruht, so gehören auch die bestehenden Industrieverbände zu dieser *Selbstordnung*. Darin liegt ihre Stärke, wie anderseits ihre Schwäche. Wer die Wirtschaftsfreiheit bejaht, muß auch den Verbänden die Freiheit ihrer Selbstordnung lassen. Das gilt für den Aufbau und die Aufgaben, die Ziele und die Arbeitsweise, die Zuständigkeiten und das Zusammenwirken der Industrieverbände.

(25) Diese Selbstordnung erklärt und entschuldigt einen großen Teil der aufgezeigten Unvollkommenheiten und Mängel, beschränkt aber auch die Reformaussichten auf das, was im *Rahmen des geltenden Systems* zu verwirklichen ist. Die Tatsache, daß viele offensichtliche Mängel sich seit langem nahezu unverändert fortschleppen, läßt vermuten, daß sie im wesentlichen systembedingt sind. Jedenfalls sollte es zu denken geben, daß die Verbandsordnung sich im Laufe der letzten 50 Jahre (abgesehen von dem nationalsozialistischen Zwischenspiel) in den Grundzügen kaum verändert hat. Gleiches wie für die Industrieverbände gilt übrigens auch für die Arbeitgeberverbände und die Gewerkschaften, die Handwerker- und Einzelhandelsverbände.

G. Reformaussichten

(26) Gewiß ist dieses Beharrungsvermögen kein Beweis für die Güte des Bestehenden, aber es zeigt, wie schwer es fällt, am Bestehenden etwas zu ändern. Vieles von dem, was hier kritisiert worden ist, gilt seit langem als reformbedürftig. Umso mehr fragt es sich, warum solche Verbesserungen sich nicht schon *aus eigener Initiative* der beteiligten Verbände und Unternehmen durchgesetzt haben. Die Antwort liegt in der Autonomie der Verbände. Selbst wenn einzelne Verbände zu einer systematischen Neuordnung bereit wären, könnten sie die anderen Verbände, die an der überkommenen Ordnung festhalten wollen, nicht zur Mitwirkung verpflichten. Allerdings sollte zunächst einmal ein Versuch zu gemeinsamer Neuordnung mit Verständigung auf ein bestimmtes Konzept gemacht werden. Vielleicht würde sich dann eine ausreichende Bereitschaft zur Mitarbeit ergeben.

(27) In gewissem Grade läßt sich auch *psychologisch* verstehen, warum die Ansätze zu systematischen Reformen bisher verhältnismäßig gering geblieben sind. Wo *Tradition* groß geschrieben wird, muß jemand, der etwas Neues bringen will, viel Energie und Arbeit aufbringen, um das Bestehende in Zweifel zu ziehen, in Bewegung zu bringen und durch eine neue Ordnung zu ersetzen. Reformatoren stoßen nicht nur auf Widerstände, sondern machen sich auch weitgehend unbeliebt. Warum soll der Vorsitzende eines Verbandes das auf sich nehmen? Er ist ja schon durch die laufenden Geschäfte beträchtlich in Anspruch genommen. Seine Amtsdauer ist überdies auf wenige Jahre beschränkt, während grundlegende Reformen längerer Zeit bedürfen.

Man könnte annehmen, daß der *BDI* besonders geeignet und berufen wäre, gemeinsame Reformen anzuregen und zu vermitteln, vielleicht sogar die Regie zu übernehmen. Damit würde jedoch die Stellung und Stärke des BDI überschätzt werden. Wie jeder Spitzenverband, ist der BDI mehr von seinen Mitgliedsverbänden abhängig, als diese von ihm. Die Präsidenten und Hauptgeschäftsführer der großen Verbände sind „Kurfürsten" mit einer starken Stellung. Sie würden es schwerlich zulassen, daß der BDI Reformpläne entwickeln oder gar durchführen sollte, die aus einer Kritik an den bestehenden Verhältnissen der Fachverbände kommen und diese auch gegen deren Willen umgestalten sollen.

Mehr wäre von einem gewissen *wirtschaftlichen Zwang* zu erwarten, der sich im Laufe der Zeit einstellen könnte. Bei nachhaltiger Verschlechterung der wirtschaftlichen Verhältnisse werden die Unternehmen prüfen, ob sie nicht auch an den Verbandsbeiträgen sparen können. Diese belaufen sich zwar im allgemeinen auf weniger als ein Tausendstel der industriellen Umsätze, gelten aber als nicht unmittelbar produktive Ausgaben und sind zum Unterschied von den anderen Ausgaben beeinflußbar. Vor allem mit dem Hinweis, daß die Aufwendungen der Verbände nicht in gleichem Maße zu steigen brauchten wie die Umsätze der Unternehmen, könnten diese eine Straffung der verbandlichen Organisation und Arbeit verlangen.

VII. Kritik und Reformmöglichkeiten

Allerdings steht dem wieder entgegen, daß die Verbandsarbeit gerade dann wichtiger zu werden pflegt, wenn es den Unternehmen schlechter geht.

H. Gewandelte Einstellung zur Allgemeinheit

(28) *Hermann Franke*, Hauptgeschäftsführer der BDA, hat im ARBEITGEBER Nr. 5/22 aus 1970 unter dem Titel „Verbände: Neuer Stil!" über die *veränderte Situation* der Unternehmen und die danach erforderliche Umstellung der Verbände treffende Ausführungen gemacht. Zwar denkt er hauptsächlich an die Arbeitgeberverbände, aber für die Unternehmerverbände gilt geichartiges:

a) Der Drang zu politischer Beeinflussung und Lenkung der wirtschaftlichen und sozialen Verhältnissen hat die *gesellschaftspolitische* und auch die wirtschaftliche Stellung des Unternehmers in Gefahr gebracht. Durch wirtschaftliche Erfolge allein kann er sich heute nicht mehr rechtfertigen und behaupten; er muß auch in die gesellschaftspolitische Diskussion einsteigen und in ihr überzeugen. Hierbei fällt den Verbänden eine wesentliche Aufgabe zu, denn die einzelnen Unternehmen können sich schwer mit dieser umfassenden Problematik beschäftigen; sie wollen sich auch nicht in öffentliche politische Auseinandersetzungen begeben.

b) Diese Diskussion ist gekennzeichnet durch schwindenden Realitätssinn weiter Kreise der Gesellschaft, anderseits durch steigendes Informationsbedürfnis der Allgemeinheit. Die politische Aufgabe des Unternehmers liegt in seiner *Selbstdarstellung* mit wirtschaftlichen Fakten gegenüber wirklichkeitsfremden Ideologien. Diese Auseinandersetzungen müssen großenteils auch auf regionaler und örtlicher Ebene ausgetragen werden.

c) Neben der gesellschaftspolitischen Repräsentanz der Unternehmer haben die Verbände eine wichtige Aufgabe in der Mitwirkung bei vielen *Beratungsgremien* gefunden, in denen wirtschafts- und gesellschaftspolitische Meinungen im vorparlamentarischen Raum ausgetauscht und abgeglichen werden. Die Unternehmer haben hier geradezu eine Präsenzpflicht.

d) Auch gegenüber den *Mitgliedern* sind die Aufgaben der Verbände gewachsen: Information und Beratung, Erfahrungsaustausch und Gemeinschaftsarbeiten werden zunehmend benötigt. Sie haben sich bewährt und die unternehmerische Solidarität gestärkt.

(29) In der Einstellung der Industrieverbände gegenüber der *Öffentlichkeit* ist bereits ein spürbarer Wandel eingetreten: Die traditionelle Tendenz zur Abgeschlossenheit und Öffentlichkeitsscheu („Was wir unter uns machen, geht andere nichts an") ist von dem Wunsch und Streben

H. Gewandelte Einstellung zur Allgemeinheit

nach Bekanntwerden und öffentlicher Wirkung abgelöst worden. Die Verbände wollen der Öffentlichkeit zeigen und sie überzeugen,

— was die von ihnen vertretenen Industriegruppen darstellen und bedeuten

— welche existenziellen Bedingungen für eine gesunde Entwicklung der einzelnen Gruppen berücksichtigt werden müssen

— was demgemäß diese Industriegruppen von der übrigen Wirtschaft und vor allem von der Wirtschaftspolitik erwarten.

(30) Auch die Einstellung der *Verbandsmitglieder zueinander* ist zunehmend positiver geworden. Früher betrachteten sich die beteiligten Unternehmen grundsätzlich als Konkurrenten und damit mit Mißtrauen, ja Ablehnung. Nur wenn eine Kartellierung gelang, herrschte Einvernehmen, aber meist gab es schon über die Einhaltung des Vertrages und erst recht bei seiner Erneuerung erhebliche Differenzen. Heute sind die meisten Unternehmen überzeugt, daß eine vertrauensvolle, aktive *Zusammenarbeit* für alle Beteiligten von Nutzen sein, insbesondere der Leistungssteigerung dienen kann. Erfahrungsaustausch und Kooperation, gruppenwirtschaftliche Untersuchungen und Aktionsprogramme sind einige Stichworte für die Fülle der infrage kommenden Gemeinschaftsaufgaben.

(31) Selbst eine Überbrückung des natürlichen Gegensatzes zwischen der Vertretung fachlicher *Eigeninteressen* und den Pflichten gegenüber der *Allgemeinheit* (Gemeinnutz), scheint nicht mehr aussichtslos zu sein.

a) Eine verantwortungsbewußte Vertretung von Gruppeninteressen erkennt auch an, was im *Interesse der Allgemeinheit* hingenommen werden muß (z. B. aus außenpolitischem Zwang oder zur Wahrung der Preisstabilität). Es kann geradezu eine Aufgabe der Verbandsgeschäftsführung werden, diese Erfordernisse den Mitgliedern bewußt zu machen und sie zu Teilverzichten in ihrer verbandsseitigen Interessenvertretung zu bewegen.

b) Mit der Anerkennung übergeordneter Interessen gewinnen die Verbände anderseits Anspruch auf Gehör und angemessene Respektierung für ihre berechtigten Interessen. Das gilt gegenüber der Wirtschaftspolitik (die dabei zum Filter und Richter zwischen widerstreitenden Interessen wird) wie auch gegenüber Verbandsgruppen mit entgegenstehenden Interessen. Die letzte Verantwortung für eine gemeinnützige Ordnung und Entwicklung kommt dabei der Wirtschaftspolitik zu. Aber sie soll die Verbände an dieser Verantwortung möglichst beteiligen.

(32) Allgemein wäre der Verbandsführung eine Relativierung wie anderseits eine Aktivierung der Interessenvertretung zu wünschen.

a) Mit *Relativierung* ist gemeint, daß die verbandsseitige Interessenvertretung nicht maximal einseitig auftreten sollte; etwa so, wie in früheren Jahrzehnten die schärfsten und polemischsten Verbandssyndici als die besten galten. Die heutige demokratische Einstellung ist von dem Bewußtsein getragen, daß es viele gegensätzliche Gruppeninteressen gibt, aber jede Gruppe ein Lebensrecht und einen gewissen Geltungsanspruch hat. Deshalb ist die Konfrontierung der Interessen nur ein erstes Stadium der Auseinandersetzungen, dem als zweites Stadium ein Prozeß der Annäherung und Verständigung folgen muß. In ausgeprägter Weise zeigt sich das bei Lohntarifverhandlungen, aber im Bereich der Industrieverbände gibt es viele ähnliche Situationen, z. B. wenn es um Stromtarife, Zölle, Wettbewerbsregeln, Steuerpolitik und ähnliches geht.

b) Mit *Aktivierung* der Interessenvertretung ist eine elastische Politik gemeint, die sich nicht auf defensive Abwehr und Verteidigung des Status quo beschränkt und versteift, falls die Erfolgsaussichten hierfür gering sind. Wenn z. B. die politische Situation eine erweiterte Mitbestimmung oder eine progressive Kapitalbestimmung nahezu unvermeidlich macht, können wirtschaftliche Gegenargumente aus unternehmerischer Sicht wenig erreichen; besser ist es dann, mit konstruktiven eigenen Vorschlägen zur Entwicklung beizutragen. Freilich wird es der Verbandsführung einige Mühe kosten, ihre Mitglieder von einer solchen Politik zu überzeugen und von ihnen entsprechende Bewegungsfreiheit zu erhalten.

I. Vergleich mit dem Ausland

(33) Bei aller Kritik im einzelnen (wo auch immer ließe sich nichts kritisieren und besser machen?), kann über die deutschen Industrieverbände insgesamt doch ein *positives Urteil* abgegeben werden. Unter den gegebenen Bedingungen zeigen sie einen guten Aufbau und in allen Zweigen ein reges Leben mit vielerlei Aktivitäten. Dieser günstige Eindruck wird durch einen *Vergleich mit anderen europäischen Ländern* bestärkt. Dort existieren ebenfalls überall Industrieverbände als private, freiwillige Organisationen. Sie weisen aber weniger Geschlossenheit, Einheitlichkeit und Vollständigkeit sowie Systematik in der Gliederung auf. Verständlicherweise verfügen die mittleren und kleineren Länder (Benelux, Skandinavien, Österreich) wegen des geringeren Umfanges und der geringeren Vollständigkeit ihrer Industrie über kein so stark gegliedertes Verbandswesen, sondern ihre Verbände erstrecken sich über wesentlich größere Fachbereiche (z. B. die gesamte Metallverarbeitung oder Mechanische Industrie, statt Maschinenbau, Fahrzeugbau, Elektrotechnik etc. getrennt). Sie kennen auch nicht die Trennung

I. Vergleich mit dem Ausland

zwischen Unternehmer- und Arbeitgeberverbänden. Indessen sind sie im allgemeinen gut ausgebaut und finanzkräftig. Trotzdem erreichen sie nicht das Gewicht und die Geschlossenheit der deutschen Industrieverbände.

Noch deutlicher tritt das bei den großen Industrieländern hervor (Großbritannien, Frankreich, Italien). Hier gilt eine Verbandszugehörigkeit der Unternehmen keineswegs als Selbstverständlichkeit. Der vorherrschende Individualismus macht sich auch sonst bemerkbar. Beträchtliche Industriebereiche weisen nur sehr schwache Verbände auf, während in anderen zwei oder mehr Verbände offen miteinander konkurrieren. Ihre Tätigkeit macht auch einen weniger gleichmäßigen Eindruck. Manchmal entwickeln sie eine starke Aktivität mit sehr entschiedener Interessenvertretung, dann wieder bemerkt man über längere Zeit nur wenig von ihnen. Alles das gilt in ausgeprägter Weise vor allem für Italien. Individualistische Züge zeigt auch Frankreich, größere Ähnlichkeit mit der BRD weist dagegen Großbritannien auf.

Anhang 1

zum Vorwort, Ziff. 3

Schwierigkeiten wissenschaftlicher Erfassung und Behandlung

A. Ein Beispiel

Es gibt eine umfangreiche deutsche Literatur über das Verbandswesen. Für die Behandlung aus wissenschaftlicher Sicht und mit wissenschaftlichen Methoden kann die Veröffentlichung „Das Selbstbild der Verbände"[1] als ein Standardwerk gelten.

Diese Untersuchung wurde dadurch veranlaßt, daß vielerseits „die Verbände ganz überwiegend als Störenfriede sowohl der Demokratie wie des wirtschaftspolitischen Konzepts in der Bundesrepublik erschienen", während anderseits der Eindruck bestand, „daß den Interessenverbänden der Wirtschaft, zumal in ihrer Eigenschaft als Selbsthilfeorganisationen, höchst wichtige, ja originäre Ordnungsfunktionen zukommen", (S. V.). Deshalb beschloß der Wirtschaftspolitische Ausschuß der Gesellschaft im Jahre 1960 ein Forschungsvorhaben über „Wirtschaftsverbände und Wirtschaftspolitik". Das hat zu einer Reihe von Veröffentlichungen im Rahmen der Schriften des Vereins für Socialpolitik geführt, von denen die hier zitierte als umfangreichste und bedeutendste gelten kann.

1. So verdienstvoll diese Arbeit an sich ist, so zeigt sie jedoch auch mehrere charakteristische *Schwächen*.

a) Um nicht in abstrakter Theorie stecken zu bleiben, sondern die Empirie zur Geltung kommen zu lassen, wurden umfangreiche Befragungen durchgeführt. Sie waren jedoch von vornherein auf solche Punkte und in solche Bahnen gelenkt, die dem Befrager als wichtig und problematisch erschienen. Ob damit die tatsächlichen Probleme hinreichend getroffen worden sind, blieb offen. Ob Wissenschaftler das Verbandswesen genügend kennen, um von sich aus eine voll geeignete Fragestellung bilden zu können, läßt sich bezweifeln.

b) Die Fragebogen waren außerordentlich umfangreich, aber die Thematik war nur in recht beschränktem Maße für eine schematische Befragung und Beantwortung geeignet. Da es sich nicht um zahlenmäßig quantifizierbare Vorgänge handelt, waren exakte, vergleichbare und summierbare Antworten kaum möglich.

c) Die Fragebogen waren an die Verbände selbst gerichtet. Ihre Beantwortung entsprach infolgedessen verständlicherweise mehr der Vorstellung und

---

[1] Untersuchung der Gesellschaft für Wirtschafts- und Sozialwissenschaften — Verein für Socialpolitik — Wirtschaftspolitischer Ausschuß, mit einer Erhebung unter Leitung von Professor Dr. Schmölders, erschienen im Verlag Duncker & Humblot, Berlin 1965, 376 S.

dem angestrebten Bild der Geschäftsführer über die Arbeiten und die Wirkung ihres Verbandes als den tatsächlichen Verhältnissen; also mehr ihren Wünschen und Zielen als der Wirklichkeit. Dem entspricht der Titel des Buches als „Selbstbild der Verbände".

Ein Beispiel für diese Subjektivität bietet die Einschätzung der Öffentlichkeitsarbeit. Die meisten Verbände haben erklärt, daß in der öffentlichen Meinung die Verbände positiv eingeschätzt würden, vor allem der eigene Verband, und daß die Öffentlichkeitsarbeit in diesem Sinn eine große Bedeutung und Wirkung habe (S. 157). Außenstehende werden das mit einiger Skepsis aufnehmen.

2. Der Bereich der *Verbände*, der in die Untersuchung einbezogen wurde, war außerordentlich umfangreich; nicht weniger als 665 Verbände wurden angeschrieben. Sie bestanden aus

    343 Wirtschaftsverbänden
    144 Kammern
    146 Arbeitgeberverbänden
     32 Gewerkschaften.

Hierauf gingen insgesamt 355 Antworten ein. Das kann den Umständen nach als ziemlich befriedigende Antwortquote gelten.

Die Fragebogen waren für die genannten Gruppen jeweils verschieden angelegt. Die Fragen und die zahlenmäßigen Beantwortungen nehmen volle 185 Seiten des Buches ein. Das entscheidende Thema bildete die *wirtschaftspolitische* Betätigung und Bedeutung der Verbände. Hierbei schälten sich nach der Häufigkeit der Antworten fünf Aufgabenbereiche heraus (S. 61):

— Unterrichtung der Mitglieder über die wirtschafts- und sozialpolitische Entwicklung
— Interessenvertretung gegenüber Ministerien und Parlament
— Individuelle Beratung und Betreuung der Mitglieder
— Öffentlichkeitsarbeit
— Zusammenarbeit im Spitzenverband

Die Interessenvertretung (im weitesten Sinne) stand vor allem bei den Wirtschaftsverbänden und wiederum besonders bei den *Industrieverbänden* an erster Stelle, gefolgt von der Unterrichtung der Mitglieder. Tatsächlich dürfte jedoch die „Unterrichtung" und die „Zusammenarbeit" bei den Industrieverbänden größeres Gewicht haben.

3. Folgende besondere *Probleme* suchte die Erhebung zu ergründen:

a) Organisierung der vertretenen Interessen innerhalb des Verbandes mit einheitlicher Meinungsbildung (S. 90).

b) Mitwirkung der Mitglieder im Verband, insbesondere ihre Rechte nach den geltenden organisatorischen Vorschriften (S. 101).

c) Verhältnis zwischen den Verbänden, insbesondere Zusammenarbeit oder Auseinandersetzung (S. 113).

d) Verhältnis zwischen Mitgliedsverbänden und Spitzenverbänden, wobei sich kein klares und gesichertes Mandat der Spitzenverbände zur ausschließlichen Vertretung der Mitgliedsverbände ergab (S. 115).

e) Einfluß der Verbände auf die Staatsorgane, insbesondere Interessenvertretung gegenüber Bundesministerien und Bundestagsausschüssen (S. 128/141).

Dabei erwies sich die Heranziehung der Verbände seitens der Bundestagsausschüsse als unerwartet gering; anscheinend weil sie eher als Störenfriede wie als Hilfe betrachtet wurden und weil eine unabsehbare Ausweitung durch andere Verbände erwartet wurde, wenn erst einmal dieser oder jener Verband herangezogen würde. Die Beteiligung an öffentlichen hearings wurde sogar als eine Zeitvergeutung bezeichnet.

f) Öffentlichkeitsarbeit, die zwar allseits betont, aber hinsichtlich ihrer Bedeutung und Wirkung nicht überprüfbar war.

4. Bei näherer Lektüre stößt man immer wieder darauf, daß die *bloße Aufzählung* von Wirkungsbereichen und Zielkreisen sowie die Anführung einzelner Arten von Verbandstätigkeiten zu wenig über den effektiven Inhalt und noch weniger über die Bedeutung besagen kann. Zwar wurde stellenweise versucht, die Befragung auch hierauf zu erstrecken (z. B. ob ein spürbarer Erfolg bei der Beratung bestimmter Gesetze erzielt worden sei), aber diese Fragestellungen blieben nahezu ohne Ergebnis. Natürlich neigen die Verbände von sich aus dazu, ihren Arbeitsbereich möglichst umfassend und vielseitig darzustellen sowie den Nutzen ihrer Tätigkeit herauszustellen. Was aber in Wirklichkeit dahinter steckt, läßt sich durch Befragung kaum erfassen. Noch weniger lassen sich die Antworten einheitlich darstellen und bewerten. Abgesehen von den Unterschieden der Stellungnahmen sind die Verbände nach Mitgliedsbereichen, Größe und Struktur zu verschieden.

Zusammenfassend läßt sich konstatieren: Die Erhebung war zweifellos verdienstlich und wohl auch nötig, aber sie hat kaum neue Ergebnisse gebracht. Die Grenzen einer Befragung erwiesen sich — wenigstens für die Gewinnung allgemeingültiger Ergebnisse — als relativ eng. Vor allem aber hat sich gezeigt, daß das Thema sich schwer für eine wissenschaftliche Behandlung eignet.

B. Methodische Schwierigkeiten

1. Wissenschaftliche Forschung sucht nach einheitlichen und maßgebenden formalen Merkmalen, um die anstehende Materie nach ihnen zu erfassen, einzuteilen und zu kategorisieren. Einheitlichkeit und Gleichmäßigkeit, bis zu *Allgemeingültigkeit* und Gesetzmäßigkeit, läßt sich aber im Bereich der Soziologie — zu der das Verbandswesen gehört — kaum jemals feststellen. Das Verbandswesen untersteht keinen äußeren Normen oder inneren Gesetzmäßigkeiten, sondern wird allein von zweckrationalen organisatorischen Entscheidungen und Verhaltensweisen bestimmt. Mit formalen Kategorien ist diesen nicht beizukommen und läßt sich nicht ihr wesentlicher Gehalt erfassen. Die empirische Soziologie als verstehende Beschreibung kann als optimales wissenschaftliches Ergebnis höchstens eine gewisse Typologie liefern; deren Erkenntniswert ist jedoch beschränkt.

2. Für die *Schwierigkeit* der Materie ist bezeichnend:

— Das *äußere Bild* der Verbände besagt nichts über ihre Bedeutung. Sie können auf dem Papier durch Umfang und Aufbau, Programme und Apparat einen überzeugenden Eindruck machen, jedoch tatsächlich ein sehr geringes Gewicht besitzen; aber auch umgekehrt.

— Auch bei gleichbleibendem Aufbau kann sich die Wirksamkeit der Verbände im Laufe der Zeit wesentlich *ändern;* sei es auch nur, weil die tätigen Personen oder deren Einstellung wechseln, oder weil durch Ver-

änderungen der äußeren Umstände die Wirkungsmöglichkeiten erheblich steigen oder nachlassen.
— Mangels gesetzlicher Zuständigkeiten hängt die Tätigkeit und Wirkung der Verbände ganz von ihren *individuellen* Entscheidungen ab. Infolgedessen zeigen sie in ihren Erscheinungen große Unterschiede.
— Organisatorische und sonstige *formale* Merkmale wie auch quantitative Maßstäbe können im Verbandswesen nur zweitrangige Bedeutung haben. Entscheidend ist der innere Gehalt und die Qualität.

Diese Überlegungen und Erfahrungen haben dazu veranlaßt, die Industrieverbände hier nicht mit der wissenschaftlichen Methode und Zielsetzung (s. Ziff. 1) anzugehen, sondern die empirische Beschreibung und Beurteilung zu wählen.

Anhang 2
zu II, Ziff. 6

Zum Begriff der Industrie

Für den Begriff der „Industrie" kann man sich mit dem Kriterium begnügen, daß hierzu alle Betriebe gehören, die gemäß Verordnung vom 1. Juni 1949 zur Abgabe eines monatlichen „Industrieberichtes" an die Statistischen Landesämter verpflichtet sind; oder, daß alle jene Verbände als Industrieverbände gelten, die im Bundesverband der Deutschen Industrie zusammengeschlossen sind. Hier wird von letzterem ausgegangen.

1. Abgrenzung zu anderen Wirtschaftsbereichen

Der Unterschied zwischen Industrie und *Handwerk* ist darin zu suchen, daß bei diesem die individuelle Handarbeit wesentlich ist, dagegen bei der Industrie die Herstellung von Erzeugnissen in größeren gleichartigen Mengen mittels dafür eingerichteter betrieblicher Anlagen. Da diese Unterscheidung aber manchmal schwerfällt, hält man sich an die eigene Auffassung und Erklärung der beteiligten Betriebe über ihre Zugehörigkeit zum Handwerk oder zur Industrie, oder formal daran, ob der Betriebsinhaber Handwerksmeister ist.

Eine weitere Frage ist, ob die *Energie- und Versorgungswirtschaft* zur Industrie gehört. Dazu rechnet die Gewinnung und Verteilung primärer Energieträger (Kohle, Erdöl, Erdgas) und sekundärer Energie (Elektrizität, Kokereigas, Raffinerieerzeugnisse); zur Versorgungswirtschaft gehören auch die Wasserwerke. Nach deutscher Üblichkeit zählen die Versorgungsbetriebe für Elektrizität, Gas und Wasser nicht zur Industrie, wohl aber Bergbau und die die übrige Energiewirtschaft. Diese stehen jedoch außerhalb der Verarbeitenden Industrie, die den international üblichen Industriebegriff bildet.

Zweifelhaft ist weiter die Behandlung der *Bauwirtschaft:* Sie umfaßt den Hochbau (Rohbau und Ausbau) und den Tiefbau. Zu ihr gehören handwerkliche wie industrielle Betriebe. Verbandsmäßig bildet die Bauindustrie einen eigenen Bereich; sie steht außerhalb der Verarbeitenden Industrie, gehört jedoch zum BDI.

2. Industrielle Tätigkeiten

Der Kern industrieller Tätigkeit liegt in der *Produktion* von Erzeugnissen.

In Verbindung hiermit werden jedoch von den industriellen Unternehmen viele *andere Funktionen* wahrgenommen werden, so

— Montagen, Wartung und Reparaturen industrieller Erzeugnisse, insbesondere Anlagen,
— Entwurfsarbeiten und technische Beratung für die Abnehmer,
— Forschung und Entwicklung im eigenen Unternehmen,
— Verkauf und Vertrieb eigener und auch fremder Erzeugnisse,
— Versand und Transport.

Dazu kommen Einrichtungen und Leistungen für die *Belegschaft*, wie

— Wohnungen und Heime,
— Beförderung zur und von der Arbeit,
— Kantinen und sanitäre Versorgung,
— Schulung und Ausbildung.

Diese vielfältigen und umfangreichen Arbeiten lediglich als *Hilfs- und Nebentätigkeiten* der Produktion aufzufassen und mit dieser in Verbindung zu bringen, erscheint nicht funktionsgerecht und genügt ihrer Art und Bedeutung nicht. Sie verdienen eine selbständige, von der Produktion losgelöste Behandlung.

Man denke z. B. an die umfangreichen Einrichtungen und die zahlreichen Beschäftigten, die bei vielen industriellen Gebrauchsgütern für Vertriebsbüros und Auslieferungslager, Kundendienst und Transportkolonnen eingesetzt werden. Sie sind funktionsmäßig eher dem Handwerk, Handel und Verkehr als der Industrie zuzurechnen.

Für die Industrieverbände entsteht daraus das Problem, ob und wie sie sich auch mit diesen unternehmerischen Aufgaben befassen sollen, oder ob diese nicht in andere organisatorische Zusammenhänge gehören.

Anhang 3
zu III, Ziff. 1

Zur Geschichte des Verbandswesens

1. Historisch ist bemerkenswert, daß (in Deutschland) die Wirtschaftsbereiche des Handwerks und Handels sowie der Landwirtschaft relativ früh eine gesetzliche Ordnung in der Form von öffentlich-rechtlichen Kammern gefunden haben, während für den Bereich der Industrie keine vergleichbaren Organisationen geschaffen worden sind.

a) Die ersten *Handelskammern* entstanden schon während der französischen Herrschaft im linksrheinischen Deutschland anfangs des 19. Jahrhunderts. Sie breiteten sich allmählich auf alle Landesteile aus und erfaßten alle im Handelsregister eingetragenen Unternehmen, also auch die Industrie. Im Jahr 1861 schlossen sie sich zum „Deutschen Handelstag" zusammen. Hauptsächlicher Anlaß und wesentliche Aufgabe war die wirtschaftliche Einigung und Vereinheitlichung Deutschlands.

b) Die *Landwirtschaft* fand sich früh in regionalen Vereinen zusammen. Besonderen Auftrieb erhielten diese mit dem Kampf um Schutzzölle, die ab 1878 durchgesetzt wurden. In Preußen wurden 1894 einheitliche Landwirtschaftskammern gebildet, „zur Wahrung der Gesamtinteressen der Land- und Forstwirtschaft". Ihnen folgte auf Reichsebene der Deutsche Landwirtschaftsrat.

c) Die älteste deutsche Verbandsorganisation bildeten die Innungen des *Handwerks*. Im Jahr 1897 wurden sie durch Reichsrecht in Handwerkskammern übergeleitet. Sie erhielten 1922 eine Spitzenorganisation mit dem Deutschen Handwerks- und Gewerbekammertag.

Allen drei Kammersystemen (a—c) war gemeinsam
— die Einführung durch Gesetz und die Pflichtmitgliedschaft
— die Organisationsform von Körperschaften des öffentlichen Rechts
— die bezirkliche Berufs- und Interessenvertretung für die einzelnen Mitglieder der Kammern und die Vertretung aller Kammern zusammen durch ihre Spitzenorganisationen in gesamtwirtschaftlichen Angelegenheiten.

2. Wesentlich anderen Charakter hatten die *industriellen* Wirtschaftsverbände. Sie entstanden als *private* Vereinigungen für einzelne *fachliche* Industriezweige; zuerst und vor allem in der Eisenindustrie und der Textilindustrie, die in den Anfängen der Industrialisierung vorherrschten. Diese fachlichen und regionalen Verbände vereinigten sich 1876 zum Zentralverband Deutscher Industrieller, um (gleich der Landwirtschaft) die Wendung vom Freihandel zur Schutzzollpolitik durchzusetzen und um der aufkommenden Sozialdemokratie und Gewerkschaftsbewegung entgegenzutreten. Von Anfang an wurde jedoch auf eine verbandliche Trennung von Unternehmer- und Arbeitgeberaufgaben gesehen. Bis 1934 blieb der private Charakter der Industrieverbände gewahrt. Das Kammersystem beschränkte sich für die Industrieunternehmen auf die Handelskammern, später Industrie- und Handelskammern.

3. Bei der Entstehung dieser Organisationen (1 wie 2) stand überall die *wirtschaftspolitische Interessenvertretung* im Vordergrund und Mittelpunkt. In erster Linie ging es um die Außenhandels- und Zollpolitik, später um Handelsverträge; dazu die Steuerpolitik, bei der Industrie speziell um Verbrauchssteuern. Die sonstige Wirtschaftspolitik („Handels- und Gewerbepolitik") war bis zum ersten Weltkrieg erst wenig entwickelt. Die internen Verbandsaufgaben zeigten ebenfalls nur geringen Umfang.

4. Im Verhältnis zu dem damaligen relativ geringen Wirtschaftsvolumen war die Zahl der Unternehmerverbände sehr groß, weil sie zunächst im engen fachlichen und regionalen Rahmen entstanden. Später machte die Ausweitung zu fachlichen Reichsverbänden rasche Fortschritte. Im Jahr 1900 gab es 222 Reichsverbände, die sich bis 1927 auf nicht weniger als 1535 vermehrten (lt. „Jahrbuch der Berufsverbände des Deutschen Reichs", 1928). Davon stellten die Industrieverbände den weitaus größten Teil dar. So gab es 1927 allein

131 Verbände der Eisen-, Stahl- und Metallindustrie
138 Verbände des Maschinen-, Apparate- und Fahrzeugbaus
122 Verbände der Textilindustrie.

Seither hat sich — trotz des enorm gewachsenen Volumens der Industrie — die Zahl der Industrieverbände stark verringert, also ihre Organisation gestrafft.

Literatur:
Hamm, Die wirtschaftspolitische Interessenvertretung, Berlin 1929.

Anhang 4
zu III, Ziff. 9

Mitgliedsverbände des Bundesverbandes der Deutschen Industrie (BDI)

Stand: Anfang 1972

Spv = Spitzenverband
F = Fachverband
FG = Fachgemeinschaft
FA = Fachabteilung
L = Landesverband
JU = Jahresumsatz der betr. Industriegruppen in 1971 in Mio. DM
B = Beschäftigte der betr. Industriegruppen in 1000, Jahresdurchschnitt 1971

Verband	Sitz	Zahl der F	L	JU	B
1. Bergbau				12.105	312.3
1.1 Wirtschaftsvereinigung Bergbau	Bonn	14 Fach- und Regionalverb.	—		30.6
1.2 Wirtschaftsverband Erdölgewinnung	Hannover	—	—		6.3
2. Grundstoff- und Produktionsgüterindustrien				159.284	1.785
2.1 Bundesverband Steine u. Erden (Spv)	Wiesbaden	20	3	17.877	238
2.2 Wirtschaftsvereinigung Eisen- und Stahlindustrie	Düsseldorf	6	4	27.506	326
2.3 Wirtschaftsvereinigung Ziehereien und Kaltwalzwerke	Düsseldorf	4 FVerein. mit 11 Zweigv.	—	5.831	71
2.4 Wirtschaftsvereinigung Metalle	Düsseldorf	6	—	8.736	90
2.5 Deutscher Gießereiverband (DGV)	Düsseldorf	3	11	7.079	153
2.6 Mineralölwirtschaftsverband	Hamburg	—	—	20.391	36
2.7 Verband der Chemischen Industrie (VCI)	Frankfurt	31	9	53.576	593
2.8 Vereinigung Deutscher Sägewerksverbände	Wiesbaden	4	14	4.993	69

Anhang 4

Verband	Sitz	Zahl der F	L	JU	B
2.9 Verband Deutscher Papierfabriken (VDP)	Bonn	29 FV +Ausschüsse	6	5.574	72
2.10 Wirtschaftsverband der Deutschen Kautschukindustrie (WdK)	Frankfurt	—	—	7.360	138
3. Investitionsgüterindustrien				221.074	3.957
3.1 Wirtschaftsverband Stahlbau und Energie-Technik (SET)	Köln	8 FV	—	12.443	212
3.2 Verein Deutscher Maschinenbau-Anstalten (VDMA)	Frankfurt	30 FG	8+2	61.092	1.118
3.3 Verband der Automobilindustrie (VDA)	Frankfurt	3 FA	7	46.161	631
3.4 Verband Deutscher Schiffswerften	Hamburg	—	3	4.341	78
3.5 Zentralverband der Elektronischen Industrie (ZVEI)	Frankfurt	31	10	54.578	1.067
3.6 Verband d. Deutschen Feinmechanischen und Optischen Industrie (FOV)	Köln	6	11	6.173	162
3.7 Wirtschaftsverband Stahlverformung	Hagen	9 Fachbereiche mit 40 FV	4	7.703	148
3.8 Wirtschaftsverband Eisen, Blech u. Metall verarbeitende Industrie (EBMV)	Düsseldorf	15	3+2	22.233	415
3.9 Verband der Fahrrad- u. Motorradindustrie	Bad Soden	—	—	—	—
3.10 Bundesverband der Deutschen Luft- und Raumfahrtindustrie	Bonn	—	—	1.820	42
4. Verbrauchsgüterindustrien				97.977	1.976
4.1 Arbeitsgemeinschaft Keramische Industrie	Frankfurt	6	—	2.527	75
4.2 Bundesverband Glasindustrie	Düsseldorf	4	1	4.874	95

Anhang 4

Verband	Sitz	Zahl der F	L	JU	B
4.3 Hauptverband der Deutschen Holzindustrie und verwandter Industriezweige	Wiesbaden	24 FV 7 FA	16	16.099	286
4.4 Hauptverband der Papier, Pappe und Kunststoffe verarbeitenden Industrie (HPV)	Frankfurt	18	11	7.665	135
4.5 Bundesverband Druck	Wiesbaden	9	11	10.136	224
4.6 Gesamtverband Kunststoffverarbeitende Industrie (GKV)	Frankfurt	6	1	9.792	174
4.7 Verband d. Deutschen Lederindustrie	Frankfurt	—	3	2.361	52
4.8 Verband d. Deutschen Lederwaren- und Kofferindustrie	Offenbach	1	6		
4.9 Hauptverband der Deutschen Schuhindustrie	Düsseldorf	—	6	3.312	82
4.10 Bundesverband Bekleidungsindustrie	Bonn	13	12	15.158	372
4.11 Gesamtverband der Textilindustrie in der BRD (Gesamttextil) (Spv)	Frankfurt	39 FV +F-Verein. +Arb.-Gem.	10	26.054	481
5. Nahrungs- und Genußmittelindustrien				72.593	514
5.1 Bundesvereinigung der Deutschen Ernährungsindustrie (Spv)	Bonn	32	—	53.154	395
5.2 Verein der Zuckerindustrie	Hannover	—	3	(in 5.1 enthalten)	
5.3 Deutscher Brauer-Bund	Bonn	2	11	8.839	90
5.4 Verband der Cigarettenindustrie	Hamburg	—	—	10.600 (einschl. sonstiger Tabakverarbeitg.)	30
6. Hauptverband der Deutschen Bauindustrie	Frankfurt	12	12	67.034	1.544

Quelle: Sp. 1—4: Organisationsplan 1972 des BDI. — Sp. 5, 6: Statistisches Bundesamt, Industriebericht.

Anhang 4

Zur Struktur der Mitgliedsverbände des BDI

Das Verzeichnis der Mitgliedsverbände des BDI[1] interessiert vor allem unter folgenden Gesichtspunkten:

1. Die *Größe der Verbände* divergiert außerordentlich stark. Nimmt man den Umsatz als Größenmaßstab, so waren (1971) die größten Industriegruppen

	Umsatz Mrd. DM	Beschäftigte 1000
Bau (6)	67,0	1544
Maschinenbau (3.2)	61,1	1118
Elektro (3.5)	54,6	1067
Chemie (2.7)	53,6	593
Auto (3.3)	46,2	631
Eisen und Stahl (2.2)	27,5	326
Textil (4.11)	26,1	481

Nach den Beschäftigten ergibt sich eine etwas andere Reihenfolge wegen der Kapitalintensität von Chemie und Eisen + Stahl. Andererseits gibt es Verbände mit weit weniger als 5 Mrd. Jahresumsatz (Lederindustrie 4.7 und 4.8, Keramik 4.1, Schiffswerften 3.4, Luft- und Raumfahrt 3.10).

Der *Repräsentationsgrad* der Verbände (= Mitgliederanteil) an den Umsätzen und Beschäftigten der Industrieverbände ist nicht bekannt, liegt aber gerade bei den größten Gruppen (außer beim Bau) über 80 und meist 90 %.

2. Die *fachlichen* Gliederungen innerhalb der einzelnen Verbände gehen sehr verschieden weit.

a) Einige Verbände haben *keine* fachlichen Unterorganisationen (Erdöl 1.2, Mineralöl 2.6, Kautschuk 2.10, Schiffswerften 3.4, Zweiräder 3.9, Luft- und Raumfahrt 3.10, Leder 4.7, Schuhe 4.9, Zucker 5.2, Brauerei 5.3, Cigaretten 5.4). Kennzeichnend für diese Gruppen sind

+ geringe bis mäßige Größe
+ einheitliche Erzeugnisse.

b) Andere Verbände verfügen über *zahlreiche* Fachverbände,

+ vor allem die *größten* Industrien mit einem breiten Produktionsprogramm: Gesamttextil 39 FV, VCI 31, ZVEI 31, VDMA 30,
+ aber auch mittelgroße Industrien mit stark *verzweigter* Produktion: Stahlverformung 40 FV, VDP 29, Holz 24, Steine und Erden 20,

c) Die übrigen Verbände haben, verglichen mit der Größe ihrer Industrien, *verschieden* weitgehende fachliche Gliederungen. Im allgemeinen wird die Gliederung umso eingehender, je näher die Erzeugnisse dem Endabsatz sind und je stärker die Verbandsarbeit absatzorientiert ist.

---

[1] *Anmerkung:* Die Bezeichnungen der Verbände geben teilweise die Bereiche der zugehörigen Mitglieder nicht genau wieder. Einige Verbandsbereiche überschneiden sich mit anderen. Die Umsätze und Beschäftigten sind nach den Industriegruppen angegeben, die den Verbandsbereichen soweit als möglich entsprechen. Die Bauindustrie ist mit den Zahlen für das Bauhauptgewerbe einschl. Handwerk angegeben.

3. Die *regionale* Gliederung weist noch stärkere Unterschiede als die fachliche auf.

a) Zahlreiche Landesverbände mit erheblicher Selbständigkeit und Bedeutung weisen folgende Industriegruppen auf: Bau, Bekleidung, Brauerei, Gießerei, Sägewerke, Holzbearbeitung, Lederwaren, Textil. Diese Industrien verfügen großenteils über regionale Produktionsschwerpunkte (Standortballungen), die zu bezirklichen Verbandsbildungen geführt haben. Zum anderen Teil handelt es sich um Verbände mit zahlreichen und kleineren Mitgliedern, deren Kontaktbedürfnis mehr auf Bezirksebene als auf Bundesebene liegt.

b) Andererseits können kleine Verbände und Verbände mit relativ wenigen Mitgliedern auf eine regionale Organisation ganz verzichten: Erdöl, Mineralöl, Metalle, Kautschuk, Stahlbau, Zweirad, Luft- und Raumfahrt, Cigaretten.

c) Bei den übrigen Verbänden geht die regionale Gliederung verschieden weit. Sie liegt zwischen 11 Landesverbänden (entsprechend den Bundesländern) und ganz wenigen (mit besonderer Standortbedeutung). Wie die Bezeichnung (Landesverbände, Landesstellen, Landesgruppen, örtliche Verbindungsstellen), ist auch ihr Charakter unterschiedlich. Manchmal sind sie nur Außenstellen der zentralen Geschäftsführung.

4. Die *Bedeutung* der fachlichen wie der regionalen Gliederungen läßt sich aus ihrer Zahl nicht ablesen. In den Spitzenverbänden liegt das Übergewicht eindeutig bei den Gliederungen. Auch in manchen anderen Verbänden hat die Zentrale eine relativ geringe Bedeutung. Umgekehrt liegt in vielen anderen Verbänden das Schwergewicht zweifellos bei der Zentrale.

Anhang 5
zu IV, Ziff. 5

Muster einer Verbandsorganisation: „Verband deutscher Papierfabriken"

Das folgende Organisationsbild zeigt das Muster eines gut gegliederten und bewährten Verbandsaufbaus für eine knapp mittelgroße Industriegruppe. Es geht aus von dem „Firmen- und Organisationsverzeichnis VDP", Ausgabe 1971 hervor. Der „Verband deutscher Papierfabriken e. V." (VDP) bezeichnet sich im Untertitel (genauer) als „Vereinigung der Papier-, Pappe-, Zellstoff- und Holzstofferzeugung". Gewöhnlich wird diese Gruppe Zellstoff- und Papierindustrie genannt.

1. Satzung

a) „Der VDP hat die *Aufgabe*, die gemeinsamen Interessen seiner Mitglieder zu wahren und zu fördern, insbesondere mit dem Ziel, die Leistungs- und Wettbewerbsfähigkeit des Faches zu stärken."

b) Der Verband *besteht* aus
— den Fachorganisationen und Rohstoffausschüssen (fachlich)
— den Landesverbänden (regional).

c) Die Fachorganisationen *gliedern* sich in den
— Hauptausschuß Papier und Pappe, mit Fachverbänden als Mitgliedern
— Hauptausschuß Zellstoff und Holzstoff, mit den erzeugenden Unternehmen als Mitgliedern.

Für Papier und Pappe gehören wegen der vielen Fachzweige und der großen Zahl von Firmen nur die Fachverbände (vertreten durch ihre Vorsitzenden) dem Hauptausschuß an. Für Zellstoff und Holzstoff sind wegen der geringen Zahl die Firmen unmittelbar Mitglieder des Hauptausschusses.

d) Die *VDP-Mitgliedschaft* kann von allen Unternehmen erworben werden, die Papier, Pappe, Zellstoff oder Holzstoff erzeugen. Sie gehören den einschlägigen Fach- *und* Landesverbänden an.

Große Unternehmen, mit mehr als 5 % des VDP-Gesamtumsatzes, brauchen den Landesverbänden nicht anzugehören, weil ihre Betriebe überregional streuen.

e) Die Mitglieder haben „*Anspruch* auf Unterrichtung, Beratung und Beistand von seiten des VDP". Anderseits sind sie *verpflichtet*, den Verband zu unterstützen, die erforderlichen Auskünfte zu erteilen und die festgesetzten Beiträge zu entrichten. Sie sind „an die Entschließungen des VDP gebunden".

2. *Organe*

a) Die *Mitgliederversammlung* als allgemeines und oberstes Organ wählt den Präsidenten, genehmigt die Haushaltspläne und Mitgliedsbeiträge, beschließt über die Entlastung der anderen Organe, bestimmt die Satzung und entscheidet über sonstige Vorlagen.

b) Der (ehrenamtliche) *Vorstand* besteht aus dem Präsidenten, 10 Mitgliedern des Hauptausschusses Papier und Pappe, 3 Mitgliedern des Hauptausschusses Zellstoff und Holzstoff und je 1 Vertreter jedes Landesverbandes. Der Vorstand kann außerdem fünf weitere Mitglieder kooptieren, insbesondere aus dem Rohstoffausschuß und dem wirtschaftspolitischen Ausschuß. Mitglieder kraft Amtes sind ferner der Vorsitzende der Vereinigung der Arbeitgeberverbände der Deutschen Papierindustrie und die (deutschen) Mitglieder des Verwaltungsrates der CEPAC (europäischer Verband der Papier- und Pappeindustrie).

In anderen Verbänden wird der gesamte Vorstand von der Mitgliederversammlung gewählt, wobei jedoch auf eine angemessene Repräsentanz aller Verbandszweige geachtet wird.

c) Wegen der Größe und Vielgestaltigkeit des Vorstandes (25 Personen) wählt dieser aus seinen Mitgliedern ein *Präsidium* von 7 Personen. Das Präsidium ist durch seine Spitzenstellung das weitgehend maßgebende Entscheidungs- und Handlungsorgan, während der Vorstand überwiegend beratende Funktionen hat. Innerhalb des Präsidium wiederum kommt dem Präsidenten eine führende Stellung zu, die sich vor allem in der laufenden Zusammenarbeit mit dem Hauptgeschäftsführer auswirkt.

d) Die *Geschäftsführung* besteht aus dem Hauptgeschäftsführer und dessen Stellvertreter, die vom Präsidium bestellt werden. Der Hauptgeschäftsführer hat die Geschäftsführung nach den Weisungen des Präsidenten zu leiten und die Beschlüsse der Organe des Verbandes durchzuführen.

Von eigenen Rechten wird nur erwähnt, daß der Hauptgeschäftsführer und sein Stellvertreter an allen Sitzungen der Verbandsorgane teilnehmen können.

Die Vielgliedrigkeit der Organisation erfordert außerdem „Geschäftsordnungen für die Zusammenarbeit" zwischen dem VDP und den Landesverbänden sowie den Fachorganisationen; dazu je eine Geschäftsordnung für die beiden Hauptausschüsse.

3. Fachliche Gliederung

Große Bedeutung hat die fachliche Gliederung des Verbandes, die sehr weit geht. Die beiden Hauptausschüsse haben je drei Untergruppen, und zwar
— der Hauptausschuß Zellstoff und Holzstoff drei „Fachausschüsse",
— der Hauptausschuß Papier und Pappe drei „Gemeinschaften", die in 16 „Vereinigungen" unterteilt sind.

Beispiel:
1. Hauptausschuß Papier und Pappe
1.1 Gemeinschaft Packpapier
1.1.1 Vereinigung Zellstoffpackpapier

Jedes dieser Gremien hat einen Vorsitzenden und dessen Stellvertreter, einen Geschäftsführer und eine Anzahl von Mitgliedsfirmen, etwa 4—20.

Die großen Unternehmen sind infolge ihrer breiten Produktionsprogramme in zahlreichen Gremien vertreten.

4. Sachliche Gliederung

Neben der fachlichen Organisation steht die Gliederung nach Sachgebieten der Verbandsbetätigung. Sie kommt in der *Geschäftsführung* des VDP durch die verschiedenen Abteilungen zum Ausdruck (Information und Statistik, Außenhandel, Recht, Steuern, Betriebswirtschaft, Verkehr usw.).

Für die maßgebliche Mitwirkung der Firmen sind 10 *Sachgebietsausschüsse* oder Arbeitskreise eingerichtet, dazu drei Rohstoffausschüsse, die jeweils über eine große Zahl von Mitgliedern — vor allem Fachleute aus größeren Mitgliedsfirmen — verfügen.

Aus den Mitgliedern des *Vorstandes* ist ein Ausschuß für Haushalts- und Personalfragen sowie ein Kuratorium für Forschung und Nachwuchsausbildung eingesetzt.

Schließlich delegiert der Verband auch Vertreter in *übergeordnete* Industrieausschüsse und Arbeitskreise, hauptsächlich solche des BDI, und in die CEPAC (EWG-Verband).

Anhang 6
zu V, Ziff. 13

Möglichkeiten politischer Einflußnahme

1. Für die Gesellschafts- und Staatspolitik hat die Frage nach dem politischen Einfluß der Industrieverbände hervorragende *Bedeutung*. Dieser Einfluß wird in der Öffentlichkeit meist erheblich überschätzt. Auch das gehört zur deutschen Tradition und anscheinend zur unverzichtbaren Polemik gewisser Kreise. Hier wirken Erinnerungen an die „Schlotbarone" im Kaiserreich nach, dazu die Vorwürfe, daß „die" Industrie Ende 1932 den Nationalsozialismus geradezu finanziell gerettet und an die Regierung gebracht hätte. Man sollte jedoch zwischen Industriellen und Industrieverbänden unterscheiden. Männer wie Hugo Stinnes, Carl Friedrich von Siemens, Albert Vögler, Friedrich Flick und Fritz Thyssen, Carl Duisberg und Karl Bosch hatten zu

ihrer Zeit sicher auch bedeutenden politischen Einfluß, aber dieser stützte sich auf ihre Persönlichkeit und ihre unternehmerische Stellung. Diese Männer waren zwar auch in den Verbänden ihrer Industriegruppen maßgebend, aber das politische Gewicht selbst des Stahlverbandes und des Bergbauvereins war doch relativ bescheiden.

2. Die politische Bedeutung von Verbänden ist an eine Reihe von *Bedingungen* gebunden:

— die allgemeine politische Verfassung, insbesondere die Bedeutung pluralistischer Kräfte,
— die Einstellung der Regierung und Politiker, der Öffentlichkeit und Gesellschaft zur Wirtschaft, insbesondere ihre Aufgeschlossenheit und Empfänglichkeit für industriell-unternehmerische Interessen und Argumente,
— die Geschlossenheit und Stärke, die Größe und Bedeutung eines Industrieverbandes,
— die Bereitschaft der Mitglieder eines Verbandes, den Verband als Sprecher und Vertreter ihrer Interessen tätig werden zu lassen und ihn (mit allen etwaigen Folgen) in den politischen Tageskampf einsteigen zu lassen.

3. Für die Industrieverbände sind die Möglichkeiten zu politischen Aktivitäten unter *heutigen Verhältnissen* relativ eng begrenzt.

a) Im demokratischen Staat liegt die politische Entscheidungsgewalt bei den parlamentarischen Parteien und Fraktionen. Da diese von den *Wählern* abhängig sind, werden sie zwar auf Verbände hören, die das Wählerverhalten beeinflussen können, aber hierzu rechnen nur Massenorganisationen, wie die Gewerkschaften, die Bauernverbände und die Vertriebenenverbände. Hinter den Industrieverbänden stehen dagegen nur sehr kleine Wählerkreise, weshalb sie faktisch keinen Einfluß besitzen.

b) Größere Möglichkeiten liegen in der *finanziellen Unterstützung* der Parteien durch die Industrieverbände. Keine Bundestagswahl vergeht, ohne daß alle Parteien die Industrieverbände (BDI, Fachverbände, Landesverbände) um größere Spenden angehen. Da die Verbände jedoch etatgebunden sind, ist der finanzielle Spielraum hierfür gering. Die Beträge halten sich in mäßigen Grenzen; selbst bei größten Verbänden gehen sie kaum über hunderttausend DM hinaus. Die eigenen, direkten Spenden mancher Firmen sind viel bedeutender, während andere auf den Verband verweisen.

c) In loser Verbindung mit Wahlspenden besteht auch die Möglichkeit zur Empfehlung von *Wahlkandidaten* durch die Industrieverbände. Einige Kandidaten kommen sogar unmittelbar aus der Geschäftsführung von Industrieverbänden. Ihre Zahl ist jedoch verschwindend gering. Sie bleiben überdies in erster Linie ihren Parteien, nicht ihren Verbänden verpflichtet. Ihre Bedeutung liegt mehr in ihren Kontaktvermittlungen vom Verband zu ihrer Partei, vielleicht auch zu Regierungen und Ministerien.

d) Gewichtiger sind die möglichen Einwirkungen der Industrieverbände auf die Vorbereitungsarbeiten für die *Gesetzgebung* und auf anstehende Maßnahmen der *Ministerien*. In die Politik supranationaler Organisationen (EWG-Kommission, Gatt, NATO) können die Verbände sich durch Beratung und Empfehlungen an ihre Regierung einschalten. Dieser Einfluß ist jedoch relativ gering, weil der „Weg nach oben" zu weit und die Zahl der darum bemühten Verbände zu groß ist.

4. Die *Stellungnahmen* und Anregungen der Verbände können von verschiedener Art sein:

— Informationen: Unterrichtung über die bestehenden wirtschaftlichen Verhältnisse (Produktions- und Absatzbedingungen, Ausfuhr- und Einfuhrlage, Beschäftigungsstand und -aussichten, Ertragslage u. a. m.)

— Empfehlungen: Anregung zu einzelnen Schutz- oder Förderungsmaßnahmen, Hinweise auf optimale Lösungsmöglichkeiten oder auf sonstige Ansatzpunkte bei Notständen.

Ihr *Gewicht* liegt in der Überzeugungskraft ihres sachlichen Gehalts. Indessen lassen sich damit die bestehenden parteipolitischen und regierungsseitigen Ansichten und Absichten keineswegs zwingend beeinflusen. Die Politiker sind in aller Regel wenig geneigt, den Interessen der Industrie entgegenzukommen. Vielmehr betonen sie, daß sie nur dem gesamtwirtschaftlichen Interesse dienen können (z. B. zur Sicherung der Beschäftigung, zur Förderung produktiver Investitionen, oder zum Schutz der Verbraucher). Aber auch dabei bleibt vieles dem politisch-taktischen Ermessen überlassen.

Anhang 7
zu V, Ziff. 21

Beispiele für interne Verbandsarbeiten

    A. Technische Aufgaben
    B. Betriebswirtschaftliche Arbeiten
    C. Statistische Verbandserhebungen
    D. Arbeiten zur Marktforschung
    E. Wettbewerbsordnung
    F. Aufwendungen für Forschung und Entwicklung

A. Technische Aufgaben

1. Die Technik bildet den Kern industrieller Betätigung, denn das erste Gebot für erfolgreiche industrielle Unternehmen ist gute und rationelle Produktion. Gleichwohl sind die Industrieverbände in technischen Fragen *nur in mäßigem Umfang tätig*. Das hat mehrere Gründe.

a) Die Wirtschaftsverbände sollen zwar sämtlichen Interessen der Mitglieder dienen, aber doch in erster Linie den *wirtschaftlichen* und wirtschaftspolitischen Belangen.

b) Die Wirtschaftsverbände finden ihr natürliches Betätigungsfeld in *Gemeinschaftsaufgaben*, die den Mitgliedsfirmen gemeinsam sind und in allseitiger Zusammenarbeit gelöst werden sollen. In der Technik als Produktionsprozeß und in der Gestaltung der Produkte gibt es aber nur einen beschränkten Kreis solcher Gemeinschaftsaufgaben. Im wesentlichen geht es dabei um Vereinheitlichung (Normung) und Mindestanforderungen für die Erzeugnisse (amtliche Sicherheitsvorschriften, Gütezeichen).

c) Wenn man sich näher mit technischen Fragen befaßt, wird es bald sehr kompliziert und komplex, diffizil und detailliert. Außer einem größeren Arbeitsstab braucht man Einrichtungen für das Konstruieren und Experimentieren, Messen und Prüfen, Forschen und Entwickeln. Das führt über eine

Verbandstätigkeit und -einrichtungen hinaus zu *Instituten* mit größerem Apparat. Die Verbände können solche Einrichtungen und deren Arbeiten wohl organisieren oder unterstützen, aber nicht selbst schaffen und betreiben. Daraus ergibt sich nicht selten ein Betreuungsverhältnis, mit Zuführung von Firmen als Mitglieder oder finanzieller Unterstützung aus Verbandsmitteln. So ist es z. B. im Bereich der Elektroindustrie, Textilindustrie und Papierindustrie. In anderen Industriebereichen sind eigene technische Vereinigungen traditionell so stark, daß sie kaum verbandsseitiger Hilfe bedürfen. So ist es z. B. im Bereich des Bergbaus, der Stahlindustrie, der Chemie und der Brauereien.

2. Trotz dieser Beschränkung in technischen Aufgaben nimmt die Beschäftigung mit technischen Problemen in vielen Verbänden *arbeitsmäßig* bedeutenden Raum ein, denn — wie gesagt — wenn man damit beginnt, wächst die Arbeit bald an. Zur Schwerpunktaufgabe wird sie aber kaum jemals, denn dafür ist ein Industrieverband wenig geeignet.

Hinzu kommt, daß sich die *Mitgliederkreise* der Industrieverbände und der entsprechenden technischen Vereinigungen nicht decken. Diese haben außer Firmen meist auch Einzelpersonen, Wissenschaftler und Erfinder als Mitglieder, dazu neben den Herstellern auch Anwender der Erzeugnisse. Manche dieser Vereinigungen tendieren zum Berufsverband, andere zum Charakter von Forschungsinstituten, wieder andere zu behördenähnlichem Charakter.

Wie aber überall im Bereich der Industrieverbände, so läßt sich auch hier keine Einheitlichkeit und Allgemeingültigkeit konstatieren. Außer den branchenmäßigen Bedingungen und Verhältnissen bestimmen Zweckmäßigkeit und Tradition die Art und das Ausmaß der Verbandstätigkeit auf technischem Gebiet.

B. Betriebswirtschaftliche Arbeiten

Jeder größere Industrieverband hat eine Betriebswirtschaftliche Abteilung oder wenigstens einen Referenten für betriebswirtschaftliche Aufgaben. Indessen waren die Aufassungen, welche betriebswirtschaftlichen Aufgaben den Verbänden angemessen seien, in den ersten Nachkriegsjahren sehr unterschiedlich. Erst im Laufe der 60er Jahre hat sich eine gewisse Klärung und Übereinstimmung ergeben.

1. Besonders aufschlußreich ist eine Untersuchung von Dipl.-Kaufmann *H. Adels*, als Leiter der Abteilung Betriebswirtschaft beim Bundesverband der Deutschen Industrie, Köln, welche dieser unter dem Titel „Betriebswirtschaftliche Verbandsarbeiten, Ergebnisse einer Erhebung in 38 Industriebereichen" im Jahr 1963 herausgegeben hat. Der Verfasser hat durch eine Befragungsaktion von Mitte 1962 bis Mitte 1963 bei den 38 fachlichen Mitgliedsverbänden des BDI untersucht, welche *Arten von betriebswirtschaftlichen Arbeiten* bei diesen Verbänden durchgeführt werden.

An sich ist schon die Tatsache, daß der Spitzenverband selbst erst eine Befragung durchführen mußte, kennzeichnend für die Unterschiedlichkeit und die mangelnde Bekanntheit dieses Zweiges der Verbandstätigkeit. Die *Unsicherheit* ist vor allem darin begründet, daß

— die *Unternehmen* ihre betriebswirtschaftlichen Arbeiten als eigenes Anliegen betrachten, dessen Gestaltung sie selbst bestimmen möchten und dessen Ergebnisse nicht für die Öffentlichkeit bestimmt sind,

— die *Verbände* infolgedessen grundsätzlich sich nicht mit eigenen betriebswirtschaftlichen Untersuchungen befassen, sondern auf *allgemeine* Probleme und Methoden betriebswirtschaftlicher Arbeiten beschränken sollen. Aber gerade hierfür kann zweifelhaft sein, ob die wirtschaftlichen Fachverbände sich mit generellen Aufgaben des Rechnungswesens, der Organisation und der sonstigen Betriebswirtschaft befassen sollen, für die ohnehin eine Vielzahl anderer Institutionen tätig ist, nicht zuletzt die Hochschulen und die Wissenschaft,

Eine spezifisch verbandliche Aufgabe von Fachverbänden im betriebswirtschaftlichen Bereich kann vor allem dort gesehen werden, wo die *fachlichen* Verhältnisse zu betriebswirtschaftlichen Problemen eigener Art führen, welche durch die Zusammenarbeit der Firmen im Rahmen des Verbandes gemeinsam gelöst werden können.

2. Trotz dieser Einschränkungen hat die betriebswirtschaftliche Betätigung der Industrieverbände erheblichen Umfang und größere Bedeutung.

a) In *organisatorischer* Hinsicht ergab die genannte Befragung, daß von den 38 Verbänden insgesamt 23 über besondere Ausschüsse für die Behandlung betriebswirtschaftlicher Fragen verfügten. Die Aufgaben ließen sich aber nicht genauer kennzeichnen, als daß in den Ausschüssen ein fortlaufender Erfahrungsaustausch betrieben und sonstige Kontakte zwischen den Ausschußmitgliedern gefördert würden. 8 Verbände haben erklärt, daß sie betriebswirtschaftliche Gremien nur dann bildeten, wenn Fragen auftauchten, die einen größeren Firmenkreis berührten.

Weitere Verbände haben ausgesagt, daß sie betriebswirtschaftliche Gesichtspunkte im Rahmen *aller* vorkommenden Arbeiten berücksichtigen, *ohne* daß hiermit besondere betriebswirtschaftliche Institutionen befaßt würden.

Dies rührt an das Problem, ob es überhaupt einen gesonderten betriebswirtschaftlichen Arbeitsbereich gibt, oder ob nicht betriebswirtschaftliches Denken mit jedem wirtschaftlichen Vorgang schon seiner Natur nach verbunden sein muß. Betriebswirtschaftlich im spezifischen Sinne sind dabei die *Verfahren*.

b) *Materiell* handelt es sich in der Regel um Maßnahmen der Verbände, die darauf abzielen, die *Wirtschaftlichkeit* der Mitgliedsunternehmen durch Unterstützung und Förderung von Selbsthilfemaßnahmen zu steigern. Für den hierzu gehörigen Erfahrungsaustausch wird betont, daß zunächst Vorbehalte der Unternehmer auszuräumen waren. Schwerpunkte des Erfahrungsaustausches bildeten Fragen der betriebswirtschaftlichen Organisation und des Rechnungswesens, insbesondere der Kostenrechnung und ihrer Auswertung (Kennzahlen). Bei 30 % aller Verbände haben diese betriebswirtschaftlichen Aufgaben den Vorrang. Außer Rechnungswesen und Organisation wurde eine Reihe sonstiger Themen genannt, insbesondere Rationalisierung und EDV, Vertriebsprobleme, Unternehmensplanung, Kooperation, steuerliche Probleme aus betriebswirtschaftlicher Sicht.

c) Mit solcher Kennzeichnung durch allgemeine Begriffe (z. B. Rechnungswesen und Auswertung der Kostenrechnung) ist freilich wenig darüber gesagt, welchen materiellen Gehalt und welchen *Nutzen* für die Mitglieder diese Verbandsarbeiten haben. Wie Preisinformationen, so können auch Informationen über die Kalkulationsweise und Ansätze für einzelne Kostenfaktoren große praktische Bedeutung gewinnen. Das gilt auch dann, wenn eine normative Bedeutung solcher Informationen ausdrücklich ausgeschlossen wird. Die

Berechtigung zu solchen Informationen wird sich aber umso weniger bestreiten lassen, als richtiges Kalkulieren tatsächlich eine schwierige Kunst ist, die von vielen Firmen nicht ausreichend beherrscht wird.

3. Über die Feststellungen der Untersuchung von Adels hinaus läßt sich eine Fülle von Formen und Themen betriebswirtschaftlicher Verbandsarbeiten angeben, die allerdings nicht überall gepflegt werden.

a) Größere Verbände veranstalten Vorträge, Kurse, Seminare oder sonstige *Tagungen*, in denen betriebswirtschaftliche Probleme und deren zweckmäßige Behandlung durch die Unternehmen vorgeführt und erörtert werden. Zum Unterschied von den Veranstaltungen anderer Organisationen werden hierbei die spezifisch branchenbedingten Verhältnisse betont. So können die Bedingungen für die Materialwirtschaft und die Investitionen, das Abrechnungswesen und die Kalkulation besondere fachliche Probleme enthalten, die entsprechende Lösungen erfordern.

b) Gute Vorbedingungen finden und auf großes Interesse stoßen *zwischenbetriebliche Vergleiche*. Fast zwei Drittel aller Industrieverbände betätigen sich auf diesem Gebiet. Allerdings darf man das Ausmaß dieser Arbeiten nicht überschätzen, denn häufig handelt es sich nur um punktuelle Versuche oder einmalige Arbeiten. Es hat sich nämlich gezeigt, daß die Durchführung einwandfreier Betriebsvergleiche außerordentlich schwierig ist und hierfür die Verhältnisse der Unternehmen sehr weitgehend offengelegt werden müssen. Näheres hierzu ist unter Z. 4 c ausgeführt.

c) Breiten Raum nimmt ferner die *Zusammenarbeit* der betriebswirtschaftlichen Abteilungen der Verbände mit anderen Institutionen ein, insbesondere dem RKW, dem VDI, der DGfB und den IHK; dazu mit Forschungsinstituten und Hochschulen.

4. Hervorragende Bedeutung besitzen die betriebswirtschaftlichen *Kostenuntersuchungen*,

a) Kostenstruktur-Erhebungen

Die Kostenstruktur-Erhebungen in der deutschen Industrie, die das Statistische Bundesamt alle vier Jahre bei der (repräsentativen) Mehrheit aller Unternehmen durchführt, haben ihre Vorläufer in gleichartigen Erhebungen nicht weniger Industrieverbände. Der einheitliche Aufbau, die obligatorischen Befragungen und die Auswertungen der Ergebnisse sind vom Bundesamt in enger Zusammenarbeit mit den Verbänden entwickelt worden. In einigen großen Bereichen (Maschinenbau, Elektrotechnik, Chemie) liegt die Durchführung noch heute bei den Verbänden, die dem Bundesamt die fertigen Ergebnisse liefern. Das nimmt dem Bundesamt viel Arbeit ab und befreit es von den großen Schwierigkeiten der Aufgliederung nach Fachbereichen. Anderseits bringt es den Verbänden den Vorteil, Einblick in die Verhältnisse der einzelnen Unternehmen zu gewinnen und wesentliche zusätzliche Auswertungen vornehmen zu können (z. B. weitergehende Aufgliederungen und Errechnung von vielerlei Kennziffern). Die Verbände verfügen damit über ein vorzügliches Material, um insbesondere die Auswirkungen der Erhöhung einzelner Kostenarten (z. B. Rohstoffe, Löhne, Steuern) beurteilen zu können.

b) Kosten-Kennzahlen

Manche Verbände, insbesondere aus der Metallindustrie, veranstalten monatliche Umfragen über die (absoluten und prozentualen) Veränderungen wichtiger Kostenarten. Die daraus ermittelten Durchschnittswerte geben den beteiligten Firmen einen wertvollen Anhaltspunkt für ihre Kostenkontrolle und Kalkulation. In Verkaufsgesprächen über die Preisstellung können diese verbandsinternen Ergebnisse den Firmen wertvolle Hilfe gegenüber den Abnehmern bieten.

c) Erzeugniskostenvergleiche

Die Nützlichkeit von Kostenvergleichen für die beteiligten Unternehmen und auch weitere Kreise steht außer Frage. Bekannt und vielfach bestätigt sind aber auch die außerordentlich großen methodischen Schwierigkeiten der Durchführung und der Vergleichbarkeit der Ergebnisse. Das Rechnungswesen der Firmen ist mehr oder minder verschieden, so daß zunächst eine einheitliche Einteilung und Abgrenzung nach Kostenarten, Kostenstellen und Kostenträgern gefunden werden muß. Nicht weniger schwierig ist es, einheitliche Objekte (Erzeugnisgruppen) für einen solchen Vergleich zu finden. Im Stadium der Auswertung pflegen weitere Fragen aufzutauchen; nicht zuletzt dadurch verursacht, daß die Unterschiede häufig unwahrscheinlich groß sind.

Alles das hat zur Folge, daß die Zahl der gelungenen Betriebskostenvergleiche relativ sehr klein ist. Wenn aber erst einmal ein erfolgreicher Anfang gemacht ist, bestätigt die Bereitschaft und der Wunsch der Beteiligten, die Vergleiche fortzusetzen und auszubauen, ihre Nützlichkeit.

Einige Verbände haben neuestens solche Betriebskostenvergleiche sogar auf EWG-Ebene ausgedehnt, indem sie mit Schwesterverbänden anderer Länder gemeinsame Erhebungen und Auswertungen durchführen. Wie hoch dieser Erfolg zu bewerten ist, kann nur beurteilen, wer die ungeheuren Schwierigkeiten und Hindernisse für ein solches Vorhaben kennt.

C. Beispiele für statistische Verbandserhebungen

1. Chemische Industrie

Der VCI hat ein Verfahren ausgearbeitet, um den „Einsatz von Primärchemikalien zur Herstellung organischer Folgeprodukte" zu berechnen. Die Einsatzmengen (in t) werden nach Erdöl-/Erdgasbasis und Kohlebasis unterschieden, so daß sich die Zusammensetzung der Einsatzmengen nach Petro- und Kohlechemie über längere Zeit (ab 1957) verfolgen läßt. Die Zahlen werden durch jährliche Totalerhebungen bei den Herstellern organischer Syntheseprodukte ermittelt; die summarischen Ergebnisse werden vom VCI in seinem statistischen Jahresbericht „Chemiewirtschaft in Zahlen" veröffentlicht.

Noch weit umfassender sind die Output-Struktur-Statistiken, die der VCI mit Hilfe seines Arbeitskreises Input—Output im Ausschuß „Statistik für Marktforschung" im Abstand von 5 Jahren durchführt. Die Zwischenjahre werden fortgeschätzt. In seinem statistischen Jahresbericht bringt der VCI hiervon nur einige stark geraffte Strukturzahlen.

2. Elektrotechnische Industrie

Aus dem ZVEI sind zwei jährliche Erhebungen erwähnenswert:

a) Auftragsbestandserhebungen

b) Absatzstrukturerhebungen nach Abnehmergruppen

Beide beschränken sich auf die Investitionsgüter, weil Zahlenangaben für Vorerzeugnisse und Gebrauchsgüter weniger sinnvoll wären oder sich nicht angeben ließen. Der besondere Wert der Ergebnisse liegt darin, daß die Erhebungen weitgehend nach Investitionsgütergruppen unterteilt sind (z. B. Motoren, Transformatoren, Schaltgeräte, Meßgeräte etc.). Die Erhebungen werden mit freiwilliger Beteiligung durchgeführt. Die Repräsentanz beträgt beim Auftragsbestand etwa 80 %, bei der Absatzstruktur über 60 % der gesamten Industrie. Die Ergebnisse werden nicht publiziert, weil sie den zur Statistik meldenden Firmen vorbehalten bleiben sollen und weil es sich um Marktdaten handelt, die von den Abnehmern evtl. gegen die Hersteller ausgenutzt werden könnten.

3. Stahlbau

Der Wirtschaftsverband Stahl- und Eisenbau (s. Anhang 4, Z. 3.1) führt bei seinen Mitgliedern eine Fülle monatlicher statistischer Erhebungen durch, die zu Kennziffern ausgewertet werden. Sie sollen

— die Mitglieder über die Geschäftslage informieren (Auftragseingang, Umsatz, Auftragsbestand, Produktion, Beschäftigte, Arbeitsstunden, Löhne und Gehälter; sämtliche Daten mit weitgehender Aufgliederung),

— den Mitgliedern Kennziffern über die Entwicklung der Kosten und Leistungen liefern, zur Kostenkontrolle und als Hilfe für Kalkulationen (Leistungen und Kosten verschiedener Produktionsbereiche, Vertriebs- und Transportwege, Produktivitätsmessungen; nach Kostenarten und Kostenstellen u. a. m.).

Die Erhebungen stellen an die Mitglieder außerordentlich große Meldeanforderungen, die aber wegen des hohen Wertes der Ergebnisse gern übernommen werden.

4. Automobilindustrie

Der VDA hat schon frühzeitig eingehende eigene Statistiken durchgeführt, die teilweise von der amtlichen Statistik übernommen worden sind. Die wichtigsten monatlichen Meldungen erfassen in Fahrzeug-Einheiten (Stückzahlen):

Produktion im Inland
Produktion im Ausland
Produktion von Kfz.-Anhängern
Versand fabrikneuer Kfz. (ab Werk)
Export fabrikneuer Kfz.
Kfz.-Zulassungen
Repräsentativ-Statistik über wichtige Daten
    (u. a. Aufträge, Ein- und Verkaufspreise)
Kfz.-Lagerbestände am Jahresende

D. Arbeiten zur Marktforschung

1. Amtliche Statistik

Jeder Industrieverband liefert seinen Mitgliedern *statistische Zahlen* aus dem Fachbereich, die zur Beurteilung der Absatzverhältnisse, also für Marktforschung in weitesten Sinne, verwendet werden können. Im Vordergrund stehen die statistischen Ergebnisse des vierteljährlichen Produktionsberichtes, des monatlichen Produktions-Eilberichtes und des monatlichen Industrieberichtes, ergänzt durch die Auftragseingangszahlen. Sie werden vielseitig ausgewertet.

2. Verbandsstatistiken

Von erheblicher Bedeutung sind weiter die Sondererhebungen, die von einzelnen *Fachverbänden* (Branchen) unter den beteiligten Firmen auf freiwilliger Basis und mit vertraulicher Behandlung aller Zahlen durchgeführt werden. Meist handelt es sich um Umsatzstatistiken. Dabei geht die Unterteilung weiter als in den amtlichen Statistiken; vielfach werden auch andere als die amtlichen Merkmale gewählt (z. B. Stückzahlen statt Werte).

Stärker ausgebaut als die Statistiken über den Inlandsabsatz sind die *Außenhandelsstatistiken*. Dazu kommen die Statistiken über die Industrie in den wichtigsten industriellen Ländern. Die Beschaffung und zentrale Auswertung der hierfür benötigten Quellen erfordert viel Zeit, Arbeit und Kosten, aber den Verbandsmitgliedern werden dadurch eigene Arbeiten erspart und manches wird ihnen zugängig, was sie selbst schwer finden würden.

3. Marktuntersuchungen

Die Beiträge der Verbände zur eigentlichen Marktforschung beginnen mit gezielten Auswertungen statistischer Daten zur Untersuchung der Absatzverhältnisse, der sonstigen Marktlage, deren bisheriger Entwicklung, gegenwärtiger Struktur und künftigen Aussichten. Über veröffentlichte Statistiken hinaus werden hierzu auch die Erfahrungen und Ansichten der Mitgliedsfirmen herangezogen. In den Fachverbänden gibt es darüber mehr oder minder eingehende Aussprachen.

Einen Schritt weiter führen Untersuchungen über die *Absatzaussichten* für die nächsten Jahre. Sie sind von so mannigfacher Art, daß es schwer fällt, sie mit einem Sammelbegriff zu kennzeichnen (Tendenzen, Perspektiven, Projektionen, Prognosen u. a.). Sie können bis zu umfangreichen, längerfristigen Untersuchungen führen, die der Geschäftsführung sechsstellige Summen kosten; insbesondere wenn sie unter Mitwirkung wirtschaftswissenschaftlicher Institute und mit Einsatz von Marktbefragungen durchgeführt werden.

Die Erfahrung lehrt, daß Marktforschung als Verbandsaufgabe nach Begriff und Bedeutung, Inhalt und Umfang nicht von vornherein feststeht. Sie muß *pragmatisch* entwickelt werden und kann erst im Laufe der Zeit ihre angemessene Gestalt gewinnen. Entscheidend ist letzten Endes — wie bei aller Verbandstätigkeit — wie sich die Verbandsmitglieder zur Marktforschung des Verbandes einstellen. Sie werden ihr nur dann die erforderlichen finanziellen und personellen Mittel bewilligen sowie selbst aktiv mitarbeiten, wenn sie entsprechenden Nutzen für ihr eigenes Marketing sehen.

4. Prognosen

Die Einstellung der Mitgliedsfirmen zu verbandlichen *Prognosearbeiten* ist keineswegs einheitlich. Zwar haben alle ein Bedürfnis nach Prognosezahlen mit möglichst speziellen Angaben und Einzelheiten, aber sie machen doch mancherlei Vorbehalte und Einschränkungen geltend. So befürchten manche Firmen, daß von einer Verbandsprognose ihre Konkurrenten zu sehr angeregt würden und es später zu Überangeboten kommen würde. Produzenten mit speziellen Erzeugnissen oder Abnehmerkreisen betonen, daß sie außerhalb der allgemeinen Entwicklung ständen und deshalb von Verbandsprognosen keinen Nutzen hätten. Viele Firmen verkennen auch die Aussagefähigkeit von Prognosen; nicht wenige lehnen sie überhaupt ab; sie bedeuteten Wahrsagerei.

Größere Unternehmen und besonders aufgeschlossene Firmen sind meist positiver eingestellt; sie erkennen die Notwendigkeit und den Nutzen guter Prognosen; aber wenn sie über einen eigenen Apparat für solche Arbeit verfügen, selbst gezielte Prognosen durchführen und damit ein aktives Marketing verbinden, machen sie das lieber allein als durch den Verband. Andererseits wünschen Firmen, die hierauf nicht eingerichtet sind, vom Verband auch eine möglichst konkrete Anwendung auf die eigenen Firmenverhältnisse. Mit solcher Einzelberatung ist aber ein Verband grundsätzlich überfordert.

Trotz dieser mannigfachen Vorbehalte und Einschränkungen bilden fachliche Prognosen für die Verbände ein Betätigungsgebiet von zunehmender Bedeutung. Die Verbände verfügen hierfür mit ihren Fachkenntnissen und der Mitarbeit ihrer Firmen über eine Grundlage, die weder die einzelnen Unternehmen, noch außerfachliche Instanzen (Marktforschungsinstitute, Vertriebsberater oder Behörden) besitzen. Indessen bedarf diese verbandliche Arbeit der Ergänzung durch andere Institutionen. Dazu gehören insbesondere die wirtschaftswissenschaftlichen Institute mit gesamtwirtschaftlichen Untersuchungen überfachlicher Art, ferner Marktforschungsinstitute mit Abnehmerbefragungen über die Bedarfsverhältnisse und sonstige Absatzbedingungen.

Zur Literatur sei auf den Beitrag des Verfassers „Marktforschung als Verbandsaufgabe" in „Aktuelle Absatzwirtschaft", herausgegeben von K. A. Disch, Verlag Weltarchiv, Hamburg, 1964, S. 173 ff., verwiesen.

E. Wettbewerbsordnung

Ein wesentlicher Teil des Verbandsinteresses der Mitgliedsfirmen richtet sich auf mögliche Verständigungen über das Marktverhalten (Absatzpolitik). Feste Kartellvereinbarungen sind allerdings unzulässig. Sie werden auch nicht unbedingt gewünscht, weil sie leicht zu starr oder zu weitgehend bindend wirken würden, vielleicht auch schon bald überholt wären oder nicht genügend eingehalten würden. Mehr als auf eigentliche Kartelle gehen die Absichten dahin, *Auswüchse des Wettbewerbs* zu verhüten, insbesondere

— Preisunterbietungen mit Unterschreitung der Kosten, um andere zu ruinieren oder aus dem Markt zu verdrängen (Dumpingtaktik)
— unfaire und täuschende Praktiken zur Abwerbung von Kunden
— untragbare Zumutungen von marktbeherrschenden Großabnehmern
— Überinvestitionen, die zu hohen Überkapazitäten mit ruinösen Wettbewerbsfolgen führen.

Ziel einer verbandsförmigen Verständigung sollte es sein, solche Wettbewerbsschäden zu unterbinden und ein wirtschaftlich vernünftiges Verhalten der Firmen zu erreichen. Eine Hilfe hierzu können *„Marktinformationsverfahren"* bilden, durch die verhängnisvolle Entwicklungen für alle Beteiligten frühzeitig erkennbar gemacht werden. Hier finden die Verbände ein weites, allerdings gesetzlich beschränktes Betätigungsfeld.

Infolge der Schwierigkeiten bei der Auslegung des „Gesetz gegen Wettbewerbsbeschränkungen" fällt den Verbänden auch eine erhebliche *juristische* Berateraufgabe zu. Anlaß hierzu gibt die Kompliziertheit und Unklarheit des Gesetzes in Verbindung mit der Vielfältigkeit der jeweiligen wirtschaftlichen

Verhältnisse, zumal die Verwaltungspraxis des Bundeskartellamtes und der (regional zuständigen) Länderministerien sowie die Rechtsprechung keineswegs einheitlich ist.

F. Aufwendungen für Forschung und Entwicklung

Ein Arbeitsgebiet der Industrieverbände bildet auch das Gebiet der Forschungs- und Entwicklungsarbeiten. Die hauptsächlichen Aufwendungen für diesen Bereich kommen einerseits von der öffentlichen Verwaltung und andererseits von den Unternehmen. Die Statistik des Stifterverbandes für die Deutsche Wissenschaft („Wirtschaft und Wissenschaft", Nr. 5, September/Oktober 1971, S. XIV) weist folgende Zahlen auf:

Wissenschaftliche Aufwendungen in der BRD
in Mio DM

	1959	1969
Öffentliche Verwaltung	2010	9037
Aufwendungen im Wirtschaftssektor	1410	6609
davon unternehmenseigene Forschung	1306	6284
Gemeinschaftsforschung	60	115

Die Gemeinschaftsforschung wird zum Teil über die Industrieverbände betrieben und finanziert. Das bedeutendste Beispiel dieser Art bietet der Verband der Chemischen Industrie, der eigene „Fonds der chemischen Industrie" unterhält. Er hat im Jahre 1970 unter dem Titel „20 Jahre Fonds der chemischen Industrie zur Förderung von Forschung, Wissenschaft und Lehre, 1950 bis 1970" einen Sammelband herausgegeben. Danach sind von den Fonds in den 20 Jahren finanziert worden:

Forschung	45,4 Mio DM
Hochschulnachwuchs	11,0 Mio DM
Literaturwesen	18,5 Mio DM
Stifterverband	5,1 Mio DM
Insgesamt	80,0 Mio DM

Anhang 8
zu VII, Ziff. 3

Zwangsmitgliedschaft und Aufnahmezwang

1. Zu den wesentlichen Merkmalen der heutigen Industrieverbände gehört, daß die Mitgliedschaft freiwillig ist. Diese *Freiwilligkeit* besagt und sichert, daß

— die Mitglieder ein echtes *Bedürfnis* für den Verband sehen und sich nicht in eine Organisation einspannen lassen müssen, deren Führung beansprucht, die Interessen der Beteiligten von sich aus zu kennen und vertreten zu können,

— die Mitglieder zur *Mitarbeit* im Verband bereit sind, wie auch zu entsprechender *Finanzierung* des Verbandes,

— aus der einheitlichen Einstellung ein *Solidaritätsbewußtsein* erwächst, das sich auf die Verbandsarbeit positiv unr produktiv auswirkt.

2. Andererseits hat das Freiwilligenprinzip auch deutliche Schwächen. Nicht wenige Reformvorschläge für die Industrieverbände empfehlen eine obligatorische Mitgliedschaft *(Pflichtmitgliedschaft)*. Hierfür lassen sich beachtliche Gründe anführen:

— Die *Vertretung* der betr. Industriegruppen *nach außen* ist fundierter und glaubwürdiger, wenn alle einschlägigen Unternehmen dem Verband angehören. Er erreicht damit eine vollständige Repräsentanz, und eine objektive Interessenvertretung ist besser gewährleistet, als wenn die Geschäftsführung ständig auf alle Mitglieder Rücksicht nehmen muß.

— Bei Pflichtmitgliedschaft wären alle Unternehmen zur Mitwirkung und zur Finanzierung (Beitragszahlung) *verpflichtet*. Die Erhebung von Pflichtbeiträgen würde auch verhüten, daß einzelnen Mitgliedern Sonderbedingungen eingeräumt werden, wenn sie nachdrücklich darauf bestehen. Leitung und Geschäftsführung des Verbandes wären insofern unabhängiger, als sie sich nicht um die Gunst der Mitglieder zu bemühen brauchten. Umgekehrt kann jedoch in der Abhängigkeit der Führungsorgane bei freiwilliger Mitgliedschaft ein nützlicher und erwünschter Zwang liegen, allen Mitgliedern gerecht zu werden und sie durch produktive Leistungen zu überzeugen. Das wirkt Tendenzen zur Bürokratisierung und zu routinemäßigem Leerlauf entgegen.

— Bei Pflichtmitgliedschaft gäbe es keine *Außenseiter*, die vom Erfolg der Verbandsarbeit profitieren, ohne etwas dazu beizutragen. Als Pflichtmitglieder würden Unternehmen, die dazu neigen, sich gegen die Mehrheit zu stellen, wenigstens an den Verhandlungstisch gebracht. Selbst gewichtige Mitglieder könnten durch Mehrheitsbeschlüsse gebunden werden.

3. Das Interesse an einer Pflichtmitgliedschaft ist je nach den *bestehenden Verbandsverhältnissen* verschieden groß. Wenn die fachliche Gliederung sehr weit geht, die Firmen sehr zahlreich sind, der Individualismus in Blüte steht (wie etwa bei der Eisen-, Metall- und Kunststoffverarbeitung) und der Organisationsgrad infolgedessen mitunter kaum mehr als 50 % erreicht, so liegt der Wunsch nach Pflichtmitgliedschaft erheblich näher als in Industriegruppen, die über relativ wenige und große, gemeinschaftsbewußte und gut organisierbare Unternehmen verfügen, wie etwa in der Automobil-Industrie, der Grundstoffindustrie und Chemie oder der Zementindustrie, die infolgedessen über einen hohen Organisationsgrad (weit über 90 %) und ausgesprochen effiziente Verbände verfügen.

4. Ein wichtiges Argument gegen eine Pflichtmitgliedschaft sollte jedoch nicht übersehen und unterschätzt werden: Wenn sie durch Gesetz angeordnet würde, so würde der *Staat* sich eine gewisse Verantwortung für die Verbände zuschreiben. Er würde sie überwachen und mitunter auch *reglementieren* wollen. Die vom Staat gebotene Hilfe könnte damit den Beteiligten lästig werden. Es wäre auch durchaus denkbar, daß die Mitglieder der staatlich anerkannten und privilegierten Verbände mit deren Tätigkeit nicht zufrieden wären und statt dessen eigene private Verbände gründen würden. Die Zwangsmitgliedschaft könnte sich somit als Danaergeschenk erweisen.

Insgesamt sprechen wohl überwiegende Gründe für die *freiwillige* Mitgliedschaft statt der Zwangsmitgliedschaft. Mit ihrer Selbständigkeit bleibt den Industrieverbänden die Verantwortung für ihren Aufbau, ihre Arbeitsweise und ihren Erfolg.

5. Die Freiwilligkeit und Organisationsfreiheit der Industrieverbände bedeutet andererseits, daß sie nicht alle Unternehmen aufnehmen *müssen*, die von sich aus die Mitgliedschaft erwerben möchten. Es fragt sich jedoch, ob solche Interessenten ihre Aufnahme *erzwingen* können.

Über den Aufnahmezwang gibt es eine reichhaltige Literatur und Rechtsprechung[2].

a) Die *Gründe*, weshalb jemand Mitglied werden möchte, können sehr verschieden sein. Ideelle Interessen wie persönliches Ansehen können dabei mitsprechen. Bei Industrieverbänden überwiegen jedoch die materiellen Interessen. Sie richten sich insbesondere auf die gebotenen Informationen, den Erfahrungsaustausch und sonstige Kontakte zwischen den Mitgliedsfirmen. Aber auch unmittelbarer Nutzen kann bestimmend sein; etwa die Teilnahme an Messen und Ausstellungen, bei deren Organisationen die Verbände weitgehend über die Zulassung und die Verteilung der Stände entscheiden; weiter die verbandsseitige Beratung und Empfehlung bei behördlichen Forschungszuschüssen oder Investitions-Subventionen; nicht zuletzt die Teilnahme an verbandsinternen Erörterungen über wettbewerbliches Verhalten.

b) Weitere Aufschlüsse ergeben sich aus der Frage, warum in manchen Fällen die Verbände von sich aus eine gewünschte Mitgliedschaft *ablehnen;* denn das wirkt insofern unverständlich, als jedem Verband doch eigentlich an möglichst vielen Mitgliedern gelegen sein muß. Die Ablehnungsgründe können nicht weniger zahlreich wie die Beitrittsgründe sein.

Dafür einige typische *Beispiele:*

Ein neues Unternehmen, das noch keinen Ruf hat und überall um Vertrauen und Kredit wirbt, möchte durch seine Verbandsmitgliedschaft nach außen zeigen, daß es im Kreise der anderen Firmen anerkannt ist; tatsächlich haben letztere jedoch erhebliche Zweifel, ob das Unternehmen als seriös gelten kann.

Ein großes ausländisches Unternehmen versucht, am Inlandsmarkt Fuß zu fassen. Es zieht zunächst nur eine kleine Produktion auf und führt den ganz überwiegenden Teil der abgesetzten Ware ein. Es ist damit im Absatz ein bedeutender Konkurrent, der für die Zukunft noch mehr befürchten läßt. Um in den Markt einzudringen, sucht es verbandsseitige Kontakte und Informationen, aber gerade deshalb wollen es die bestehenden Firmen nicht in den Verband aufnehmen. Freilich kann sich das mit der Zeit auch als kurzsichtig erweisen. Hat die neue Firma erst einmal größere Bedeutung gewonnen und verzichtet sie auf Praktiken eines ausgesprochenen Marktstörers, so kann sie auch im Verband willkommen und sogar begehrt sein. Aber vielleicht zeigt sie dann die kalte Schulter.

Ein Konzern von beträchtlicher Größe lehnt für seine hauptsächlichen Firmen eine Mitgliedschaft ab, will sich aber mit einem relativ unbedeutenden Konzernunternehmen beteiligen; er möchte in seinen wesentlichen Teilen verbandsseitig nicht gebunden sein und auch Mitgliedsbeiträge sparen. Durch die Teilmitgliedschaft möchte er den Verband im Auge halten,

---

[2] Statt aller sei verwiesen auf *Rolf Birk:* Der Aufnahmezwang bei Vereinen und Verbänden, Juristenzeitung, 27. Jg., Heft 11/12 vom 9. Juni 1972.

die gebotenen Informationen für den ganzen Konzern nutzen u. a. m. Es ist verständlich, daß die Verbandsmitglieder in einem solchen Fall die Alternative stellen: entweder ganz oder gar nicht.

Ein Unternehmen oder Konzern ist bedeutender Abnehmer (Verarbeiter oder Händler) für die Erzeugnisse eines Industrieverbandszweiges, steht also sozusagen „auf der anderen Seite", möchte aber in den Verband eintreten, um Kontakte zu den dortigen Firmen zu gewinnen und zu erfahren, wie es in der Branche aussieht. Formal können die Voraussetzungen für die Mitgliedschaft durch eine kleine eigene Produktion erfüllt werden. Die anderen Verbandsmitglieder verspüren aber keine Neigung, einen solchen „Gast" aufzunehmen, der sie nur aushorchen will; sie lehnen deshalb den Aufnahmeantrag ab.

c) Die Zahl und Bedeutung solcher *Konfliktsituationen* ist nicht zu unterschätzen. Das allermeiste davon dringt nicht an die Öffentlichkeit. Noch weniger kommt es an die Gerichte, mit Klagen auf zwangsweise Aufnahme, denn eine solche Mitgliedschaft wäre für die betreffende Firma kaum weniger peinlich als für den Verband. Gewöhnlich fallen die Entscheidungen schon bei internen Beratungen des Vorstandes oder Beirates, ob man an eine Firma, die an sich geeignet und interessant wäre, mit der Anregung zu einem Aufnahmeantrag herantreten soll. Wenn andererseits eine Firma von sich aus ihre Mitgliedschaft betreiben will, wird sie zunächst beim Verband vorfühlen, ob sie ohne Bedenken und Schwierigkeiten mit einer Aufnahme rechnen kann. Kann ihr das nicht zweifelsfrei bestätigt werden, so wird sie normalerweise keinen Antrag stellen oder ihn vorläufig zurückstellen oder wenigstens versuchen, die bestehenden Bedenken und Hindernisse auszuräumen. Der Versuch, eine Aufnahme zu erzwingen, kommt jedenfalls nur ganz selten vor. Es ist die ultima ratio, wenn entscheidende wirtschaftliche Interessen davon abhängen.

Anhang 9
zu VII, Ziff. 16

Die drei Spitzenverbände der gewerblichen Wirtschaft

Jedes Unternehmen der Industrie gehört an sich *drei* Spitzenverbänden an,

— als Mitglied von industriellen Fachverbänden deren Zusammenfassung im *BDI*, zuständig für die unternehmerischen Interessen der Industrie auf fachlicher und überfachlicher Grundlage
— als Mitglied von fachlichen und regionalen Arbeitgeberverbänden deren Zusammenfassung in der *BDA*, zuständig für sozialpolitische, insbesondere tarifpolitische Aufgaben
— als Mitglied der Industrie- und Handelskammern deren Zusammenfassung im *DIHT*, zuständig für überfachliche unternehmerische Interessen und Aufgaben auf regionaler Grundlage.

Davon ist die Mitgliedschaft in den beiden ersten Fällen freiwillig, im dritten Fall obligatorisch.

Der Charakter und die Unterschiede dieser drei Spitzenverbände tragen zur Kennzeichnung des Standortes, der Eigenart und der Bedeutung der *industriellen Fachverbände* bei. Gleichzeitig wird verständlich, warum gewisse Unterschiede und Überschneidungen in der Arbeit der drei Verbandsgruppen auftreten.

A. Bundesverband der Deutschen Industrie (BDI)

Der „Organisationsplan 1972" des BDI umfaßt nicht weniger als 198 Seiten.

1. In der *Satzung* bezeichnet sich der BDI als „Arbeitsgemeinschaft" der Wirtschaftsverbände der Industrie" (in der BRD) mit der Aufgabe, „alle gemeinsamen Belange der in ihm zusammengeschlossenen Industriezweige zu wahren und zu fördern", in Zusammenarbeit „mit den anderen Spitzenorganisationen des Unternehmertums". Mitglieder können Wirtschaftsverbände (= fachliche Mitgliedsverbände) wie auch Spitzenverbände von Industriegruppen sein.

2. *Organe* des BDI sind

— die Mitgliederversammlung,
 in der die Mitgliedsverbände nach der Zahl der Beschäftigten ihrer Mitgliedsfirmen stimmberechtigt sind

— der Vorstand,
 bestehend aus dem Präsidium und den Vorsitzenden der Mitgliedsverbände und ihrer Landesvertretungen

— das Präsidium,
 bestehend aus dem Präsidenten, 5 Vizepräsidenten und 14 weiteren Mitgliedern des Vorstandes.

Weiter gibt es

— Landesvertretungen aus den Landesgruppen der Mitgliedsverbände,
— Ausschüsse für „bestimmte Aufgaben".

Dazu kommt die Geschäftsführung unter Leitung von Geschäftsführern „zur Erledigung der laufenden Geschäfte".

3. Im einzelnen ist aus dem Organisationsplan zu entnehmen:

a) Das Verzeichnis für *„Mitglieder"* führt die 39 zugehörigen Verbände mit allen institutionellen und personellen Angaben auf. Hierzu gehören auch die fachlichen Gruppen und regionalen Organisationen. (Vergl. Anhang 4)

b) *Ausschüsse und Arbeitskreise*

Der BDI verfügt über 22 *Ausschüsse*, von denen manche mehrere Unterausschüsse haben. Die Ausschüsse behandeln jeweils bestimmte unternehmerische Anliegen (z. B. Außenhandel, Berufsbildung, Recht, Steuern, Verkehr, Statistik, öffentliches Auftragswesen, Energie, Immissionsfragen) oder Sonderprobleme einzelner Unternehmensgruppen (z. B. Konsumgüterindustrien, Mittelstand, Verteidigungswirtschaft).

Mitglieder der Ausschüsse sind je ein Vertreter (Unternehmer) der Verbände des BDI. Dazu kommen stellvertretende Mitglieder, die meist der Geschäftsführung der Verbände angehören. Berücksichtigt werden alle Verbände, die ein sachliches Interesse an Mitarbeit bekunden. Die Ausschüsse sind demgemäß ziemlich umfangreich, so daß in den Sitzungen 20—60 Herren anwesend zu sein pflegen.

Neben den Ausschüssen gibt es *„Arbeitskreise"* für manchmal recht spezielle, manchmal auch nur vorübergehend aktuelle Probleme und Anlässe.

Eine dritte Gruppe von Mitgliedergremien bilden die „Gemeinschaftlichen Ausschüsse und Arbeitskreise", insbesondere für Außenhandels- und Auslandsfragen. Teilweise gehören zu ihnen auch Spitzenverbände anderer Wirtschaftsbereiche (DIHT, BDA u. a.).

c) Die *„Hauptgeschäftsführung"* des BDI, mit 4 Hauptabteilungen und zahlreichen referatsförmigen Abteilungen, spiegelt die ganze Breite des Betätigungsfeldes des BDI wider. Entsprechend der Stellung des BDI als Spitzen- und Führungsorgan der Industrie verfügt die Geschäftsführung über viele qualifizierte und spezialisierte Fachleute für alle anfallenden Probleme.

4. Insgesamt präsentiert sich der BDI als eine Organisation, die im Aufbau und in der Arbeitsweise ihren *Mitgliedsverbänden entspricht* (und es auch muß, um mit ihnen zu harmonieren). Die Organisation des BDI ist aber viel stärker ausgebaut und gegliedert als die seiner Fachverbände, weil er

— auf *alle* in der Industrie vorkommenden Aufgaben eingerichtet sein muß

— Vertreter *aller* Mitgliedsverbände berücksichtigen und einschalten muß

— durch *Koordinierung* der (manchmal divergierenden) Interessen und Auffassungen eine gemeinschaftliche Haltung der Industrie erarbeiten muß.

B. Bundesvereinigung der Deutschen Arbeitgeberverbände (BDA)

Nach der Satzung (vom 6. Dezember 1961) befaßt sich die BDA mit „gemeinschaftlichen sozialpolitischen Belangen" der ihr angeschlossenen Organisationen, soweit diese „über den Bereich eines Landes oder den Bereich eines Wirtschaftszweiges hinausgehen und von grundsätzlicher Bedeutung sind".

1. Als zugehörige *Wirtschaftszweige* werden aufgeführt: Industrie, Handwerk, Landwirtschaft, Groß- und Außenhandel, Einzelhandel, Privates Bankgewerbe, Private Versicherungsunternehmen, Verkehrsgewerbe und sonstiges Gewerbe. Mitglieder können sein „die fachlichen Zusammenschlüsse Privater Arbeitgeber und Vereinigungen von ihnen, die sozialpolitische Aufgaben zu erfüllen haben", sowie die „überfachlichen sozialpolitischen Landeszusammenschlüsse privater Arbeitgeber". Zur BDA gehören 14 überfachliche Landesverbände und 43 fachliche Hauptverbände. Diesen 57 unmittelbaren Mitgliedsverbänden der BDA gehören 750 regional wie fachlich gegliederte Organisationen an. Das führt zu vielen sehr kleinen Verbänden, deren Zweckmäßigkeit — zumal gegenüber der straff konzentrierten Gewerkschaftsmacht — zweifelhaft erscheint.

2. *Organe* der BDA sind:

Mitgliederversammlung,
Vorstand,
Präsidium,
Geschäftsführung.

3. Eine gewisse Vorstellung von den *Arbeitsgebieten* geben die Abteilungen der Geschäftsführung:

I Innere Verwaltung, Organisations- und Verbandsfragen

II Arbeitsrecht und arbeitsrechtliche Gesetzgebung
IIa Wirtschafts- und Sozialverfassung
III Lohn- und Tarifpolitik
IIIa Volkswirtschaftliche und statistische Grundsatzfragen
IV Arbeitsmarkt, Arbeitsvermittlung, Arbeitslosenversicherung, Berufsausbildung
V   Sozialpolitische Bildung und Jugendarbeit
VI Sozialversicherung und betriebliche Sozialfürsorge
VII Betriebliche Sozialpolitik
VIII Öffentlichkeitsarbeit
IX Internationale Sozialpolitik

4. Im *Mitgliederkreis* bestehen gegenüber dem *BDI* folgende Unterschiede:
— Die BDA umfaßt Unternehmen der gesamten privaten Wirtschaft, also nicht nur der Industrie.
— Wirtschaftsverbände, die sich gleichzeitig auch mit sozialpolitischen Aufgaben befassen, gehören zur BDA wie auch zum BDI.
— Der Organisationsgrad pflegt bei den Arbeitgeberverbänden wesentlich niedriger zu liegen als bei den Wirtschaftsverbänden des BDI.

Dies erklärt sich dadurch, daß viele Internehmen sich in ihrer Lohn- und Sozialpolitik beweglich halten wollen, um auf eigener betrieblicher Ebene sich mit ihrem Betriebsrat arrangieren zu können. Außerdem liegen die Beiträge der Arbeitgeberverbände meist recht hoch, weil auch Kampfmaßnahmen finanziert werden. Manche Unternehmen wollen sich auch nicht zur Solidarität bei Kampfmaßnahmen nötigen lassen.

Die *Aufgabenteilung* zwischen BDI und BDA liegt in den wirtschaftlichen und wirtschaftspolitischen Fragen einerseits, den sozialen und sozialpolitischen andererseits. Tatsächlich greift jedoch vieles ineinander über, zumal bei „gesellschaftspolitischen" Problemen. Es bestehen aber Möglichkeiten zu ergänzender *Zusammenarbeit*. So sind die Wirtschaftsverbände im allgemeinen über die wirtschaftliche Lage, den Konjunkturverlauf, die Ertragsverhältnisse und die Entwicklung der Beschäftigung besser informiert als die Arbeitgeberverbände. Diese sind ganz überwiegend auf die tarifpolitische Arbeit konzentriert. Daraus ergibt sich insbesondere bei anstehenden Tarifverhandlungen und Arbeitskämpfen das Bedürfnis und die Möglichkeit zu informativer Heranziehung der Wirtschaftsverbände.

BDI und BDA haben einen gemeinsamen „*Kontaktausschuß*", dem die Präsidenten und einige weitere Vertreter beider Verbände angehören. Sie sind auch gemeinsam Träger des „Deutschen Industrieinstitut", das eine umfangreiche Öffentlichkeitsarbeit leistet.

C. Industrie- und Handelskammern

1. Die IHK sind „*Selbstverwaltung*", d. h. sie haben kraft Gesetzes Verwaltungsaufgaben zu erfüllen, aber nicht mit Weisung und Leitung durch staatliche Behörden, sondern selbständig durch ihre Mitglieder, lediglich mit staatlicher Aufsicht hinsichtlich der Gesetzmäßigkeit. Zwischen den staat-

lichen Organen auf der einen und den Wirtschaftsunternehmen auf der anderen Seite sollen die IHK beratend, vermittelnd und helfend tätig werden.

Die IHK führen in gewissem Grade auch *Auftragsverwaltung* durch und haben insoweit staatliche Kompetenzen, aber der weitaus größte Teil ihrer Tätigkeiten ist frei gewählt und wird unabhängig durchgeführt.

Andererseits hat der Charakter als staatlich anerkannte Selbstverwaltung zwei wesentliche *institutionelle* Folgen:
— Die IHK sind Körperschaften des öffentlichen Rechts.
— Für die zugehörigen Unternehmen besteht Zwangsmitgliedschaft (und damit auch Zwangsbeitragspflicht).

Rechtsgrundlage ist z. Z. das „Gesetz zur vorläufigen Regelung des Rechtes der Industrie- und Handelskammern" (IHKG) vom 18. Dezember 1956. Die IHK sind Körperschaften des öffentlichen Rechts. Ihre Errichtung ist den Landesbehörden (Landesregierungen) übertragen. Der Selbstverwaltungscharakter wird durch die Maßgeblichkeit der Vollversammlung als oberstes Organ betont. Die Kammeraufgaben sind nur sehr allgemein gekennzeichnet („Wahrung des Gesamtinteresses und Förderung der gewerblichen Wirtschaft", § 1); die tatsächliche Betätigung und die Art ihrer Durchführung bleibt den Kammern selbst überlassen. Die Pflichtmitgliedschaft wird durch die „Kammerzugehörigkeit" der gewerblichen Unternehmen begründet, die im Kammerbezirk ansässig sind. Beiträge werden durch Umlagen gemäß einer Beitragsordnung erhoben, die Grundbeiträge und individuelle Beiträge nach den Gewerbesteuermeßbeträgen vorsieht.

2. Mit den (privaten) *Wirtschaftsverbänden* haben die IHK gemeinsam, daß sie von den Mitgliedern getragen werden und deren Sachkunde repräsentieren sollen. Zu diesem Zweck sollen sie (allgemeine) Berichte erstellen, Gutachten und Auskünfte auf Anforderung von Behörden abgeben, Einzelanfragen beantworten u. a. m. Sie können auch von sich aus Eingaben an Behörden machen, bei diesen vorsprechen und in anderer geeigneter Weise (z. B. durch Entschließungen des Vorstandes oder der Mitgliederversammlung) Stellungnahmen abgeben, Forderungen erheben u. a. m.

3. Nach Gesetz, Satzung und Praxis beschäftigen sich die IHK mit einer Fülle von *Aufgaben und Arbeiten*. Dabei läßt sich jedoch schwer feststellen, welche *spezifischen* Aufgaben die IHK haben sollen, zum Unterschied von privaten Wirtschaftsverbänden. Aus der Organisationsform ergeben sich zwei Beschränkungen:
— Jede IHK soll nur für ihren *Bezirk* zuständig sein. Da es 81 IHK gibt, sind diese Bezirke relativ klein. Praktisch halten sich jedoch die IHK nicht an Fragen, die allein die bezirklichen Verhältnisse betreffen.
— Die IHK umfassen die *ganze gewerbliche* Wirtschaft (außer dem Handwerk), also Industrie und Handel, Banken und Versicherungen, Verkehr und sonstige Dienstleistungen. Das schließt eine fachliche Interessenvertretung aus, aber nicht die Behandlung überfachlicher Fragen für einzelne Fachbereiche.

4. Immerhin bleibt damit für eine *wirtschaftspolitische* Betätigung der IHK wenig Raum, denn die wirtschaftspolitischen Probleme sind im allgemeinen weder bezirklich beschränkt noch überfachlich einheitlich. Um aber auch überbezirklich mitsprechen zu können, haben sich die IHK zum „*Deutschen*

Industrie- und Handelstag" zusammengeschlossen. Das ist ein privatrechtlicher Verein (e. V.), der nicht vom IHKG getragen ist und nicht unter dieses fällt. Die Gründe für die Schaffung des DIHT sind:

— Die IHK wollen in der Wirtschaftspolitik, die ganz überwiegend Bundesangelegenheit ist, mitsprechen. Dabei soll der DIHT unter den IHK eine abgestimmte Meinung bilden und zusammengefaßt vertreten.

— Der DIHT soll andererseits für die IHK ein Informations- und Hilfsorgan sein, insbesondere für Auskunftsdienste, weil nicht jede einzelne IHK hierfür einen genügend vollständigen Apparat unterhalten kann.

Als wirtschaftspolitischer Vertreter konkurriert der DIHT freilich mit den fachlichen Spitzenverbänden, insbesondere BDI und BDA. Doppelarbeit wie Meinungsverschiedenheiten bleiben dabei nicht aus, obwohl die Mitglieder weitgehend gleich sind. Mehr noch als die Behörden sind die Unternehmen häufig im Zweifel, an wen sie sich halten sollen. Sie stellen manchmal mit Unmut fest, daß eine Abstimmung und Arbeitsteilung sicher erwünscht wäre, aber offenbar nicht genügend zu erreichen ist.

Literaturverzeichnis

Adels, Helmut: Betriebswirtschaftliche Verbandsarbeiten — Ergebnisse einer Erhebung in 38 Industriebereichen — BDI-Veröffentlichung, Köln 1963.
— Wie entscheiden Verbände? Köln 1969.

Blümle, Ernst-Bernd: Zur Messung des Verbandserfolges, in: Zeitschrift für betriebswirtschaftliche Forschung, 17. Jahrg., 1965, S. 558—570.

Breitling, Rupert: Die Verbände in der Bundesrepublik — Ihre Arten und ihre politische Wirkungsweise, Meisenheim am Glan 1955.

Buchholz, Edwin: Die Wirtschaftsverbände in der Wirtschaftsgesellschaft, Tübinger wirtschaftswissenschaftliche Abhandlungen, Tübingen 1969.
— Interessen, Gruppen, Interessentengruppen. Elemente wirtschaftssoziologischer Organisationslehre — unter besonderer Berücksichtigung der deutschen Verbandsforschung, Tübingen 1970.

Fischer, F.: Die institutionalisierte Vertretung der Verbände in der Europäischen Wirtschaftsgemeinschaft, Veröffentlichungen des Instituts für internationales Recht an der Universität Kiel, Bd. 54, Hamburg 1965.

Frentzel und *Jäckel:* Die Deutschen Industrie- und Handelskammern und der Deutsche Industrie- und Handelstag, Frankfurt und Bonn, 1967.

Grochla, Erwin: Betriebsverband und Verbandbetrieb. Wesen, Formen und Organisation der Verbände aus betriebswirtschaftlicher Sicht, Berlin 1959.

Hamm, Eduard: Die wirtschaftspolitische Interessenvertretung, Schriftenreihe des DIHT, Berlin 1929.
(Der Verfasser, Reichsminister a. D., war Geschäftsführendes Mitglied des Präsidiums des Deutschen Industrie- und Handelstages, Berlin).

Hardach, Fritz Wilhelm: Willensbildung in Wirtschaftsverbänden, in: Zeitschrift für betriebswirtschaftliche Forschung, 19. Jahrg., Heft 1, 1967, S. 17 bis 31.
— Neues Schrifttum über Wirtschaftsverbände, in: Zeitschrift für betriebswirtschaftliche Forschung, Neue Folge, 19. Jahrg., 1967, S. 42—47.

Höft, Erich: Zu den Aufgaben der Verbände in der Marktwirtschaft, in: Zeitschrift für Versicherungswesen, 19. Jahrg., Heft 17, 1968, S. 629—631.

Hondrich, K. O.: Die Ideologien von Interessenverbänden, Berlin 1963.

Niggemann, J.: Verbändelehre bei Goetz Briefs, Volkswirtschaftliche Schriften, Bd. 166, Berlin 1971.

Petzold, Guenter: Der Wettbewerb der Verbände um die Mitwirkung an der Wirtschaftspolitik, Dissertation, Köln 1963.

Pütz, Th.: Verbände und Wirtschaftspolitik in Österreich, Schriften des Vereins für Sozialpolitik, Bd. 39, Berlin 1966.

Rittstieg, H.: Wirtschaftsverbände und europäische Gemeinschaften, Schriftenreihe zur europäischen Integration, Bd. 3, Hamburg 1967.

Sand, Felix: Die Geltendmachung wirtschaftspolitischer Interessen im demokratischen Staat — „Institutionalisierung" des Einflusses der Verbände auf die Wirtschaftspolitik?, Dissertation, Köln 1965.

Seidenfus, H. S.: Entstehung, Struktur und Funktion der Verbände, Schriften des Vereins für Sozialpolitik, Bd. 36, Berlin (in Vorbereitung).

von Schmädel, D.: Führung im Interessenverband, Probleme der innerverbandlichen Willensbildung, Berlin 1968.

Schmitt, H.: Entstehung, Wandlungen und Zielsetzungen der Berufsverbände, Berlin 1966.

Schmölders, Günter: Das Selbstbildnis der Verbände. Empirische Erhebung über die Verhaltensweise der Verbände in ihrer Bedeutung für die wirtschaftspolitische Willensbildung in der BRD, Schriften des Vereins für Sozialpolitik, Bd. 38, Berlin 1965.

Stammer, O. u. a.: Verbände und Gesetzgebung, Schriften des Instituts für politische Wissenschaft, Bd. 18, Köln und Oplaaden, 1965.

Vorwig, Wilhelm: „Zur Geschichte der verbandsmäßigen Organisation der deutschen Automobilindustrie", Vortrag vom 31. August 1970 in: „Die deutsche Automobilindustrie und ihre Verbände", Schriftenreihe des VDA, Nr. 9.

Weber, Max: Wirtschaft und Gesellschaft, Grundriß der Sozialökonomik, Band III, Tübingen 1922.

Bundeszentrale für politische Bildung: Interessenverbände in der Bundesrepublik Deutschland, Heft 145 (1971) der Information zur politischen Bildung.

Aufsätze und Referate zur Verbandsreform

Ehrmann, E. und *Munde,* W.: Verbände stehen vor neuen Aufgaben, Die Welt vom 26. Januar 1970.

Franke, H.: Die Verbände vor neuen Aufgaben, Vortrag vom 9. Juni 1970, Vortragsreihe des Deutschen Industrieinstituts, Nr. 35 vom 1. September 1970.

Hassenkamp, B.: Verbände, Bonner Beratungs-Bericht vom 13. Juli 1971.

Mänken, E. W.: Gesellschaftliche Autonomie, Industriekurier vom 4. Oktober 1966.

Mohn, Reinhard: Verbände versagen? Der Arbeitgeber Nr. 20/21 aus 1969.

— Berufsverbände sollen geführt und nicht verwaltet werden, Die Welt, vom 10. Oktober 1969.

Schmidt-Cotta: Zur Reform des deutschen Industrieverbandswesens, Vortrag (nicht veröffentlicht) aus 1969.

Vetter, E. G.: Verbände der Zukunft, Leitartikel der FAZ, Nr. 98 vom 28. April 1971.

— Die Glaubwürdigkeit der Verbände, dt. Nr. 41 vom 12. Februar 1972.

Stichwortverzeichnis

Absatzfragen 71
Aufgaben
   der Verbände 36
   autonome Aufgabenstellung 38
   nach außen und innen 38
   fachliche und überfachliche 46, 47
   sachliche 45, 73, 96
   neue 79
Aufnahmezwang 104
Auskünfte 43
Ausländische Verbände 80
Ausschüsse 27, 44, 57

Begriff
   der Verbände 17
   der Wirtschaftsverbände 17
   der Industrieverbände 19
Behörden
   Unterschiede zu Industrieverbänden 20
Betriebswirtschaftliche Arbeiten 97
Bundesverband der Deutschen Industrie 31, 33, 91, 108
   Mitgliedsverbände 88
Bundesvereinigung der Deutschen Arbeitgeberverbände (BDA) 109

Delegiertenversammlung 26
Demokratie im Verband 28, 61, 62

Einfluß der Industrieverbände 20, 94
Einstellung zur Allgemeinheit 78
Erzeugnisgruppen 69
Etat 32

Fachliche Gliederung (s. auch Gliederung)
   in der Nachkriegszeit 25
   Notwendigkeit 28
   Kritik 63
Fachverbände 29
Forschung und Entwicklung 104
Führungsfähigkeit 54

Gegensätze im Verband 55, 61

Geschäftsführer 59
Geschäftsführung 26, 28, 29, 57, 63
Geschichte (s. Historische Entwicklung)
Gesellschaftspolitische Funktionen 19
Gliederung
   fachliche 28, 63
   regionale 63
Größe der Verbände 53, 71, 88

Hauptgeschäftsführer 60
Historische Entwicklung 22, 86

Individualität der Verbände 16, 67
Industrie, Begriff 19, 85
Industriestatistik 69
Industrieverbände
   Definition 19, 85
Industrie- und Handelskammern 110
Informationstätigkeit 42—44
Interne Verbandsarbeiten 41, 96
Interesenvertretung 39

Kontakte unter den Mitgliedern 50
Konzentration der Verbände 74
Kritik am Verbandswesen 67

Lageberichte 43

Marktforschung der Verbände 101
Mitglieder
   Einstellung zum Verband 50
   -versammlung 26, 61
   Zahl der Mitglieder 53, 94

Öffentliche Meinung über Industrieverbände 15
Organe des Verbandes, Verhältnis zueinander 26
Organisation 26
   Kompliziertheit 27
Organisationsfreiheit 67
Organisationsgrad 34
Organisationsmuster 27, 92
Organisationspläne 37

Persönliche Einstellung 49, 51
Pflichtmitgliedschaft 49, 104
Politischer Einfluß 20, 94
Präsidium 26, 57
Psychologische Anforderungen 62

Reformen
  Ziele 67
  Aussichten 76
Regionale Gliederung (s. Gliederung)

Satzung 36
Selbstbestimmung 38
Spitzenverbände 31
  der gewerblichen Wirtschaft 107
Staatliche Verbandsorganisation 22
Statistische Verbanderhebungen 100
Strukturen
  Größenstrukturen der Verbände 55

Tätigkeit (s. Aufgaben)
Tätigkeitsberichte 16, 36
Technische Aufgaben 96

Verbände, Definitionen 17
Verbandsarbeiten (s. Aufgaben)
Verbandsstrukturen 53
Vertretung der Mitglieder 38
Vorstand 26, 57

Wettbewerb zwischen Mitgliedern 56
Wettbewerbsordnung 103
Wirtschaftslenkung 22
Wirtschaftsverbände 17
Wissenschaftliche Behandlung 82

Zahl der Verbände 63, 88
Zentrifugale Tendenzen 75
Zwangsmitgliedschaft 105

Printed by Libri Plureos GmbH
in Hamburg, Germany